This book belongs to:

_____

_____

INSTRUCTIONS

Inside the book you will find numerous puzzles with different themes! Underneath each puzzle will be the words you need to find, so whenever you find one, you can circle it! The words you are looking for can be found in the following directions:

At the end of the book you find the solutions for each puzzle. Good fun!

CAR

A	T	P	L	J	U	R	Y	R	X	W	W
E	R	Y	E	R	A	H	H	O	F	T	O
W	U	N	I	Z	V	N	W	T	E	Z	E
C	C	B	W	E	R	T	H	O	J	E	C
B	K	S	I	B	N	I	E	M	Z	C	A
K	O	D	F	G	U	R	E	U	Y	H	R
V	S	D	E	Y	P	E	L	N	S	E	A
F	P	A	O	K	X	C	A	R	V	A	C
C	E	O	X	Q	E	N	G	I	N	E	Z
K	E	R	P	E	R	X	R	Y	V	T	C
O	D	T	N	G	W	F	X	L	J	O	T
E	H	O	U	P	Q	X	Y	W	D	S	V

PUZZLE 1

WHEEL	DRIVE
ENGINE	ROAD
TIRE	CAR
SPEED	TRUCK
RACE	MOTOR

CAR

W	Q	C	S	T	E	E	R	I	N	G	B
U	Q	T	U	F	U	E	L	H	C	N	O
L	O	S	L	O	W	E	L	J	Q	I	D
Q	U	B	L	U	E	T	J	B	A	X	N
R	A	C	I	N	G	A	A	I	P	H	G
Z	A	Q	M	E	L	R	R	B	P	K	T
Z	S	S	N	U	L	E	A	N	X	F	P
J	X	A	X	D	A	L	E	Z	K	F	Q
K	L	Y	S	M	N	E	G	A	B	A	W
B	R	A	K	E	G	C	C	J	H	S	Q
X	U	P	I	H	I	C	H	J	W	T	U
I	K	F	P	W	S	A	K	C	F	J	A

PUZZLE 2

RACING	ACCELERATE
FAST	STEERING
SLOW	GEAR
FUEL	SIGNAL
BRAKE	LANE

CAR

H	O	R	N	Y	F	C	H	D	Z	K	T
C	R	I	M	R	U	Q	E	Q	W	D	E
O	E	W	W	N	E	G	A	Y	W	E	S
L	V	S	I	Q	A	J	D	T	T	G	I
W	E	A	R	N	K	S	L	Q	L	Y	U
G	R	G	F	Q	D	M	I	E	E	S	R
C	S	M	M	D	H	S	G	X	B	K	C
L	E	D	L	I	W	E	H	Y	T	R	R
V	U	R	I	I	R	J	T	I	A	A	C
I	L	H	O	G	Q	R	V	M	E	P	X
G	X	N	V	J	E	C	O	V	S	L	Y
E	N	K	U	A	E	Z	Z	R	B	T	D

PUZZLE 3

HORN	**GAS**
HEADLIGHT	**CRUISE**
WINDSHIELD	**PARK**
MIRROR	**REVERSE**
SEATBELT	**OIL**

CAR

P	X	E	W	P	N	I	T	B	A	Y	K
Z	Q	X	T	C	B	T	A	R	D	E	H
W	C	H	L	W	N	U	I	E	I	D	K
Y	F	A	V	O	D	K	L	P	P	V	H
O	R	U	T	I	R	K	L	M	B	S	S
K	J	S	E	A	A	P	I	U	X	I	E
C	I	T	P	S	O	O	G	B	A	S	Q
P	T	S	Y	Q	B	T	H	S	C	S	I
I	R	K	E	B	H	S	T	V	Y	A	P
G	A	T	K	W	S	E	L	X	J	H	Q
J	T	I	R	B	A	P	A	Q	X	C	O
U	S	H	W	C	D	D	T	W	K	W	T

PUZZLE 4

EXHAUST	**CHASSIS**
SPARK	**KEY**
TAILLIGHT	**START**
DASHBOARD	**STOP**
BUMPER	**PISTON**

CAR

Z	T	B	N	Q	E	L	F	M	N	R	W
D	A	X	C	B	Z	L	B	V	O	E	P
V	C	E	O	K	R	N	L	B	I	T	S
B	H	W	O	B	A	C	J	P	S	E	C
S	O	L	L	B	D	O	C	Q	S	M	Y
B	M	C	A	Q	I	U	E	Y	I	O	P
A	E	J	N	U	A	P	A	T	M	D	F
T	T	R	T	C	T	E	X	N	S	E	U
T	E	V	R	P	O	Q	L	O	N	E	W
E	R	L	I	I	R	O	E	D	A	P	V
R	C	A	M	S	H	A	F	T	R	S	B
Y	U	I	W	O	D	O	M	E	T	E	R

PUZZLE 5

RADIATOR   **CAMSHAFT**

TRANSMISSION   **AXLE**

TACHOMETER   **BATTERY**

ODOMETER   **COOLANT**

SPEEDOMETER   **COUPE**

TECHNOLOGY

C	V	D	T	K	E	Y	B	O	A	R	D
O	V	Q	E	C	E	I	G	D	S	U	G
M	A	L	L	K	K	S	L	M	C	O	M
P	D	Q	B	O	N	X	P	C	R	N	K
U	X	T	A	I	B	M	H	A	E	O	R
T	L	E	T	N	N	R	O	M	E	J	J
E	F	M	H	T	P	Q	N	E	N	K	O
R	A	A	N	E	M	X	E	R	F	V	O
Y	C	I	P	R	K	U	Q	A	X	K	X
A	V	L	D	N	C	U	K	W	R	U	R
X	L	S	X	E	R	C	R	O	B	O	T
W	E	Q	L	T	V	M	O	U	S	E	S

PUZZLE 6

COMPUTER	**EMAIL**
MOUSE	**ROBOT**
SCREEN	**CAMERA**
KEYBOARD	**PHONE**
INTERNET	**TABLET**

TECHNOLOGY

N	C	D	K	Q	I	Y	J	M	A	J	P
J	G	R	V	N	E	T	W	O	R	K	I
W	F	O	T	M	B	R	J	W	Y	J	X
I	R	W	F	J	R	Z	A	N	P	X	E
F	C	S	F	L	I	R	R	R	G	K	L
I	R	S	C	O	D	E	G	B	A	L	A
S	E	A	S	V	W	E	B	S	I	T	E
C	S	P	O	J	Y	E	P	F	E	M	T
R	W	V	C	V	P	I	L	S	A	U	I
D	O	K	I	D	P	Z	F	G	J	L	X
Q	R	J	A	B	P	T	C	Y	N	K	R
G	B	P	L	Y	A	W	B	V	E	G	Y

PUZZLE 7

APP	**WEBSITE**
CODE	**PASSWORD**
GAME	**PIXEL**
BROWSER	**SOCIAL**
WIFI	**NETWORK**

TECHNOLOGY

U	U	P	L	O	A	D	E	V	I	C	E
Y	D	O	W	N	L	O	A	D	A	B	D
G	K	A	E	N	P	N	I	Q	K	Z	I
S	O	F	T	W	A	R	E	X	A	E	G
M	R	D	A	C	O	W	F	H	R	S	I
L	S	U	S	P	G	U	O	A	R	B	T
Y	E	J	M	T	H	P	W	E	U	H	A
R	A	Z	Q	L	O	D	R	H	G	H	L
O	R	R	Z	S	R	R	J	I	I	B	D
M	C	S	Z	A	A	R	A	W	N	R	X
E	H	I	H	D	H	S	W	G	H	T	Y
M	U	O	O	V	R	L	B	I	E	E	O

PUZZLE 8

SEARCH	DIGITAL
DOWNLOAD	DEVICE
UPLOAD	MEMORY
SOFTWARE	STORAGE
HARDWARE	PRINT

TECHNOLOGY

C	L	L	A	N	K	N	N	G	C	B	E
I	Q	A	P	S	O	I	E	P	A	X	N
R	B	P	Y	A	A	V	E	A	T	D	O
C	N	T	Y	F	Y	D	R	I	N	X	H
U	Q	O	M	V	K	X	C	H	E	E	P
I	Z	P	R	R	L	V	S	C	V	Z	T
T	S	L	I	O	Q	R	H	E	N	D	R
Z	W	A	M	G	Z	P	C	T	I	R	A
N	T	R	I	F	F	S	U	C	I	O	M
H	F	V	G	Y	H	P	O	O	L	N	S
X	A	L	M	L	S	J	T	Q	H	E	Z
Y	H	C	G	A	D	G	E	T	V	R	A

PUZZLE 9

TECH	**VR**
GADGET	**AI**
LAPTOP	**CIRCUIT**
SMARTPHONE	**DRONE**
TOUCHSCREEN	**INVENT**

TECHNOLOGY

G	J	R	P	A	F	C	L	B	E	I	T
V	A	E	A	T	Z	Z	B	I	L	B	L
I	B	A	Q	A	H	C	L	A	E	P	H
Q	Z	L	Q	D	O	M	U	M	C	E	N
R	Z	I	T	Q	K	T	W	A	T	C	P
O	Z	T	X	Q	R	A	U	R	R	A	O
S	D	Y	G	I	P	X	H	G	O	F	W
N	F	V	V	U	J	Y	L	O	N	R	E
E	L	U	C	X	W	P	C	R	I	E	R
S	U	V	X	D	L	G	X	P	C	T	B
S	T	R	E	A	M	I	N	G	A	N	H
W	I	W	U	S	T	R	E	A	M	I	V

PUZZLE 10

SENSOR	**VIRTUAL**
PROGRAM	**REALITY**
INTERFACE	**STREAM**
POWER	**STREAMING**
ELECTRONIC	**DATA**

FOOD

C	A	V	L	I	F	Y	X	M	Z	V	Y
A	E	X	Q	B	C	B	H	A	Q	Y	A
R	R	D	T	A	H	E	W	K	N	L	T
R	W	A	I	N	E	N	C	R	L	P	S
O	G	S	M	A	E	R	M	R	J	P	A
T	D	V	T	N	S	N	S	X	E	T	P
J	S	E	D	A	E	H	L	H	D	A	Z
L	R	L	C	O	O	K	I	E	T	E	M
Z	A	Y	I	B	P	I	Z	Z	A	L	W
I	M	B	R	E	A	D	G	K	P	P	N
F	Y	Q	E	R	I	J	D	T	L	P	B
N	Z	G	R	A	P	E	L	M	D	A	C

PUZZLE 11

APPLE	**CARROT**
BANANA	**PASTA**
CHEESE	**GRAPE**
BREAD	**COOKIE**
PIZZA	**ICECREAM**

FOOD

O	O	W	V	W	D	W	K	N	N	Z	L
K	S	B	A	L	A	T	Z	S	R	G	Q
I	T	B	E	T	M	A	W	B	O	L	E
G	R	W	T	L	E	J	H	W	C	Z	G
B	A	Q	A	P	O	R	A	B	P	G	N
R	W	H	L	O	V	O	M	T	O	U	A
O	B	C	O	T	D	T	B	E	P	X	R
C	E	A	C	A	A	A	U	D	L	S	O
C	R	E	O	T	L	M	R	W	C	O	F
O	R	P	H	O	N	O	G	I	T	W	N
L	Y	W	C	E	U	T	E	A	I	A	T
I	B	L	L	O	N	W	R	G	R	B	F

PUZZLE 12

ORANGE   HAMBURGER
POPCORN   CHOCOLATE
WATERMELON   POTATO
STRAWBERRY   PEACH
BROCCOLI   TOMATO

FOOD

P	O	P	V	B	V	B	C	Q	J	L	B
R	E	U	I	X	S	S	A	V	Q	L	S
E	L	P	O	N	E	C	K	H	L	O	P
B	A	E	P	I	E	T	E	R	A	W	I
M	O	S	R	E	U	A	G	C	S	Q	N
U	Y	F	Z	N	R	Q	P	F	K	C	A
C	D	O	Z	H	E	O	Q	P	R	E	C
U	T	V	G	H	D	S	N	E	L	R	H
C	U	K	K	U	J	T	A	I	E	E	W
V	A	P	Z	L	R	W	S	L	J	A	C
N	Z	M	I	K	A	T	I	U	A	L	V
S	A	U	S	A	G	E	K	V	P	D	P

PUZZLE 13

CUCUMBER	CEREAL
YOGURT	SPINACH
CAKE	SAUSAGE
SALAD	FRIES
PEPPERONI	PINEAPPLE

FOOD

K	L	I	M	E	B	Y	Q	W	H	T	C
O	A	T	M	E	A	L	Z	U	G	O	R
M	J	R	J	E	W	A	B	W	R	D	C
E	N	D	C	A	A	S	E	E	A	A	N
L	V	I	P	F	R	D	H	O	P	C	A
O	R	Q	N	D	T	V	E	G	E	O	Y
N	I	E	R	Y	S	C	Q	N	F	V	U
L	P	K	V	S	F	K	K	A	R	A	U
D	G	W	E	Z	Q	W	R	M	U	S	K
B	L	U	E	B	E	R	R	Y	I	S	R
Q	M	L	T	L	E	M	O	N	T	B	V
E	O	E	E	Y	K	J	G	K	V	H	Z

PUZZLE 14

MELON	OATMEAL
GRAPEFRUIT	STRAW
BLUEBERRY	LEMON
RICE	LIME
MANGO	AVOCADO

FOOD

W	C	S	C	S	J	W	U	G	C	Z	S
Q	H	I	J	K	M	E	I	L	Z	L	O
D	E	N	G	K	I	O	E	P	W	M	C
D	R	Y	H	N	U	G	O	N	M	U	A
Y	R	C	W	S	A	L	O	T	F	F	T
L	Y	O	O	B	T	I	E	F	H	F	K
X	R	G	C	H	N	L	W	E	V	I	W
B	G	H	E	O	F	I	A	W	W	N	E
E	C	T	A	F	R	N	M	Z	N	H	A
Z	P	P	A	N	C	A	K	E	V	P	G
G	D	W	H	D	Z	V	B	T	O	S	D
B	X	M	B	C	H	E	K	M	M	R	J

PUZZLE 15

TACO	**MUFFIN**
ONION	**SMOOTHIE**
EGG	**PANCAKE**
WAFFLE	**CHERRY**
BAGEL	**BROWNIE**

PLANETS

F	S	N	I	R	F	V	C	B	S	S	N
P	G	N	E	P	T	U	N	E	U	Q	Y
L	U	W	R	M	Y	Q	M	N	X	R	G
U	G	J	O	S	F	K	A	V	U	K	S
T	A	R	U	A	X	R	O	C	Z	R	C
O	X	N	S	H	U	Y	R	F	E	S	U
V	E	F	U	V	W	E	I	T	O	N	F
V	B	B	Q	K	M	U	I	U	X	U	S
M	X	M	L	R	Q	P	Z	C	R	S	B
I	A	N	M	K	U	S	G	T	D	F	F
F	X	R	C	J	B	S	A	T	U	R	N
S	X	H	S	M	E	A	R	T	H	X	B

PUZZLE 16

MERCURY	**SATURN**
VENUS	**URANUS**
EARTH	**NEPTUNE**
MARS	**PLUTO**
JUPITER	**SUN**

PLANETS

D	A	I	C	J	P	Y	N	Q	I	M	V
N	Y	K	I	R	V	P	I	Q	T	D	V
Z	H	H	M	D	M	Y	U	R	I	U	K
S	T	Q	S	F	B	E	A	O	M	P	L
C	E	D	O	T	F	L	R	E	W	R	N
F	M	E	C	I	O	E	N	T	T	A	C
B	O	B	Q	S	T	O	O	E	I	T	E
Z	C	X	A	S	U	V	O	M	B	S	D
F	E	E	A	E	A	W	M	Z	R	I	H
L	G	L	J	U	N	S	C	R	O	W	L
H	S	L	V	C	P	G	A	L	A	X	Y
E	V	M	C	O	S	M	O	S	B	J	R

PUZZLE 17

MOON	**COSMIC**
GALAXY	**ORBIT**
COMET	**STAR**
ASTEROID	**COSMOS**
METEOR	**SOLAR**

PLANETS

Z	X	N	A	P	N	N	J	Y	A	T	M
J	C	L	S	A	F	M	E	M	Z	E	K
L	E	W	T	L	I	F	E	K	E	L	B
P	L	L	R	I	B	F	T	X	V	E	O
L	E	W	O	E	X	A	I	S	Q	S	S
A	S	X	N	N	L	U	L	O	Y	C	P
N	T	J	A	L	S	B	L	T	C	O	A
E	I	I	U	O	Q	T	E	L	R	P	C
T	A	D	T	H	I	K	T	U	A	E	E
O	L	K	N	I	C	B	A	N	T	V	V
I	W	N	K	O	K	Q	S	A	E	G	Z
D	N	E	R	S	U	I	B	R	R	J	O

PUZZLE 18

CRATER   **TELESCOPE**

SPACE   **PLANETOID**

ROCKET   **LUNAR**

ASTRONAUT   **CELESTIAL**

ALIEN   **SATELLITE**

PLANETS

H	T	E	L	E	S	C	O	P	E	V	T
S	P	A	C	E	C	R	A	F	T	L	V
G	J	A	T	M	O	S	P	H	E	R	E
A	G	O	H	K	S	A	N	B	I	D	M
L	G	R	Z	R	S	Y	D	S	F	T	M
A	N	P	A	M	H	I	G	Z	E	L	E
C	B	S	U	V	O	M	O	D	B	S	A
T	B	M	T	R	I	C	W	Y	O	G	R
I	N	T	E	R	S	T	E	L	L	A	R
C	O	T	F	X	A	F	Y	K	G	N	Y
A	S	T	R	O	L	O	G	Y	Z	X	W
A	S	Q	P	L	A	N	E	T	A	R	Y

PUZZLE 19

ASTROLOGY   **SPACECRAFT**

ASTEROID BELT   **GALACTIC**

PLANETARY   **ATMOSPHERE**

INTERSTELLAR   **GRAVITY**

GLOBE   **TELESCOPE**

PLANETS

C	T	L	U	N	A	R	K	M	O	D	U	L	E
M	O	A	S	T	R	O	B	I	O	L	O	G	Y
A	I	N	T	E	R	G	A	L	A	C	T	I	C
K	S	Z	S	Z	C	Z	A	U	S	R	U	N	H
C	L	T	X	T	W	O	W	U	E	V	O	D	T
X	O	I	R	W	E	A	S	Z	W	I	T	L	H
J	O	D	T	O	W	L	A	M	T	Y	T	P	G
E	D	H	K	N	P	G	L	A	O	F	L	U	I
C	W	H	B	Z	R	H	R	A	E	N	W	Y	L
L	K	Q	O	A	L	O	Y	B	T	N	A	P	R
I	E	X	T	T	L	Q	G	S	D	I	Z	U	A
P	E	S	B	P	D	Y	M	T	I	R	O	S	T
S	Q	W	X	Y	K	V	S	M	P	C	M	N	S
E	N	E	J	P	X	B	K	S	F	A	S	I	Z

PUZZLE 20

EXPLORATION   ECLIPSE
COSMONAUT   STARGAZER
STARLIGHT   INTERGALACTIC
ASTROPHYSICS   ASTROBIOLOGY
CONSTELLATION   LUNAR MODULE

ANIMALS

O	R	U	D	D	P	H	X	U	I	U	A
N	S	C	Z	E	R	E	I	M	O	I	W
N	M	T	W	C	L	E	N	P	B	B	C
E	I	O	G	V	F	E	J	G	P	X	Y
J	A	N	N	F	L	H	P	V	U	O	U
N	L	X	A	K	R	P	V	H	T	I	F
T	L	R	V	G	E	Z	L	F	A	A	N
K	I	J	S	G	B	Y	W	I	R	N	I
G	R	G	A	E	J	E	C	B	O	U	T
X	O	B	E	M	P	D	E	K	Q	N	X
E	G	C	U	R	U	Z	O	Y	R	W	T
C	K	A	N	G	A	R	O	O	O	V	Y

PUZZLE 21

LION	**ZEBRA**
ELEPHANT	**PENGUIN**
TIGER	**HIPPO**
GIRAFFE	**KANGAROO**
MONKEY	**GORILLA**

ANIMALS

I	E	B	B	O	M	J	V	A	H	X	Z
L	K	O	A	L	A	V	X	C	A	A	I
E	P	M	D	Y	D	C	I	J	W	E	H
M	A	K	B	W	D	R	R	U	X	X	U
A	N	F	U	O	T	O	T	S	Z	Z	O
C	T	M	L	S	I	C	J	U	E	N	L
V	H	O	O	A	F	O	Y	B	I	A	R
Q	E	T	B	Q	M	D	V	H	F	X	L
Z	R	T	O	G	D	I	R	S	D	L	D
I	C	E	U	H	I	L	N	D	F	N	V
X	C	R	V	W	R	E	Y	G	Z	S	L
G	P	A	N	D	A	O	S	L	O	G	O

PUZZLE 22

RHINO	OTTER
CROCODILE	FLAMINGO
PANDA	PANTHER
SEAL	OSTRICH
KOALA	CAMEL

ANIMALS

T	A	J	Z	T	S	N	A	K	E	G	I
P	G	K	B	M	O	R	E	F	N	U	N
A	E	W	L	H	D	R	Z	R	O	N	H
R	X	A	E	A	I	N	T	B	B	B	E
R	L	L	M	T	N	A	H	O	B	U	C
O	I	L	U	E	A	T	G	H	I	N	N
T	J	A	R	E	D	U	D	A	G	S	P
U	K	B	P	H	R	G	G	P	Q	D	E
U	R	Y	I	C	A	N	Q	J	Y	B	K
S	T	C	W	N	Z	A	Z	B	Y	E	A
Z	R	M	J	L	I	R	H	M	V	A	I
V	R	B	C	U	L	O	M	E	K	R	Y

PUZZLE 23

LEMUR	GIBBON
SNAKE	ORANGUTAN
BEAR	TORTOISE
PARROT	LIZARD
CHEETAH	WALLABY

ANIMALS

X	X	T	R	T	B	E	O	A	L	U	N
H	E	D	G	E	H	O	G	N	A	L	R
A	Z	C	E	J	M	T	P	E	R	J	Z
F	T	T	E	H	A	P	R	Y	R	R	J
L	O	U	F	K	P	E	I	H	U	C	V
O	K	F	R	Q	C	P	P	R	B	A	P
W	B	E	M	T	S	M	A	A	A	Z	E
E	E	C	M	N	L	A	T	U	K	A	A
M	O	N	M	S	D	E	B	G	O	R	C
X	Q	K	P	V	C	N	A	A	O	U	O
D	P	K	R	B	I	U	E	J	K	S	C
C	I	S	L	O	T	H	J	G	B	N	K

PUZZLE 24

WOLF **SLOTH**

JAGUAR **HEDGEHOG**

HYENA **TAPIR**

PEACOCK **TURTLE**

MEERKAT **KOOKABURRA**

ANIMALS

C	F	I	L	E	M	M	I	N	G	L	S
K	A	R	S	W	W	O	R	X	J	O	T
G	Q	U	O	K	K	A	H	R	C	R	O
M	A	V	Q	P	K	I	W	I	E	I	M
O	N	H	C	P	B	T	R	Y	N	S	R
L	A	I	M	P	A	A	N	N	N	I	A
I	U	X	H	K	G	Q	D	V	E	G	M
P	G	F	D	U	T	J	U	I	F	I	F
A	I	I	O	U	W	K	P	V	B	M	J
K	O	C	W	M	F	I	L	M	X	Z	L
O	L	Z	E	R	W	A	J	B	O	E	X
J	A	G	U	A	R	U	N	D	I	W	H

PUZZLE 25

COUGAR	LEMMING
FENNEC	LORIS
IGUANA	MARMOT
JAGUARUNDI	OKAPI
KIWI	QUOKKA

SPORT

R	A	S	T	J	N	E	P	P	S	S	C
R	E	H	L	E	X	N	P	Q	Y	O	Y
S	D	S	L	X	N	S	D	J	F	C	C
W	C	Y	A	E	F	N	Q	Y	W	C	L
I	G	H	B	K	W	I	I	D	Z	E	I
M	M	K	E	U	H	Z	K	S	A	R	N
M	B	A	S	K	E	T	B	A	L	L	G
I	W	G	A	H	O	C	K	E	Y	O	A
N	I	R	B	E	Q	D	E	V	K	I	R
G	Q	G	O	L	F	T	C	R	B	O	O
K	R	V	O	L	L	E	Y	B	A	L	L
V	G	Y	M	N	A	S	T	I	C	S	E

PUZZLE 26

SOCCER   **VOLLEYBALL**

BASKETBALL GYMNASTICS

BASEBALL   **HOCKEY**

TENNIS   **GOLF**

SWIMMING   **CYCLING**

SPORT

C	R	I	C	K	E	T	C	B	S	L	L	T
J	Q	L	N	U	Z	R	W	N	K	G	R	E
L	T	T	F	I	T	V	E	X	A	T	E	H
L	A	R	C	H	E	R	Y	H	T	H	V	V
A	N	M	M	K	P	R	S	M	E	Y	V	W
B	O	W	Q	F	E	C	X	D	B	B	G	R
T	T	R	U	N	N	I	N	G	O	G	N	E
O	N	Q	A	P	X	U	S	H	A	U	I	S
O	I	C	K	K	X	E	W	H	R	R	X	T
F	M	Q	H	A	C	W	K	D	D	E	O	L
P	D	K	S	J	S	V	W	Z	I	Y	B	I
T	A	B	L	E	V	T	E	N	N	I	S	N
N	B	F	D	W	R	O	C	W	G	Z	I	G

PUZZLE 27

RUNNING SKATEBOARDING
WRESTLING · TABLE TENNIS
RUGBY   ARCHERY
BADMINTON   BOXING
CRICKET   FOOTBALL

SPORT

S	S	I	R	Q	M	R	U	B	T	L	K
Z	N	H	C	O	Q	Y	O	U	L	J	S
X	Y	O	F	E	E	D	B	Q	E	E	U
N	E	J	W	G	S	L	T	V	I	F	R
N	T	L	G	B	S	K	D	X	C	H	F
J	A	R	N	V	O	P	A	U	N	V	I
U	R	I	I	F	R	A	E	T	O	I	N
D	A	T	I	B	C	P	R	X	I	M	G
O	K	W	K	K	A	P	J	D	J	N	C
W	F	C	S	S	L	P	K	W	I	N	G
T	R	A	M	P	O	L	I	N	I	N	G
F	I	E	L	D	H	O	C	K	E	Y	G

PUZZLE 28

SKIING
SNOWBOARDING
ICE SKATING
JUDO
KARATE
SURFING
FIELD HOCKEY
LACROSSE
TRAMPOLINING

SPORT

E	N	E	T	B	A	L	L	D	N	M	G
C	J	D	Y	T	C	M	V	D	L	N	A
O	Y	G	Z	C	Y	R	J	U	I	B	U
L	Z	Q	I	M	A	Y	I	D	L	F	C
O	H	G	L	K	H	N	A	C	X	Y	D
P	J	N	K	A	J	E	O	Q	K	F	C
R	A	I	X	A	L	T	W	E	X	E	A
E	L	C	K	R	J	K	O	S	I	M	T
T	F	N	E	K	A	Y	A	K	I	N	G
A	L	E	D	A	N	C	I	N	G	N	G
W	H	F	W	V	Y	F	E	A	Q	G	V
C	R	A	C	Q	U	E	T	B	A	L	L

PUZZLE 29

WATER POLO
FENCING
CHEERLEADING
RACQUETBALL
CANOEING

KAYAKING
DANCING
CRICKET
NETBALL

SPORT

Y	K	B	T	R	I	A	T	H	L	O	N
K	V	K	G	J	N	C	C	Z	B	C	E
S	K	U	N	Y	D	B	R	A	Z	M	G
X	M	F	L	B	O	J	Y	O	F	N	X
R	O	C	K	C	L	I	M	B	I	N	G
S	Q	U	A	S	H	W	E	V	S	G	V
K	H	T	F	B	Y	Q	I	Z	F	V	N
U	Q	X	C	J	I	D	P	A	Y	G	Y
M	A	R	T	I	A	L	A	R	T	S	I
W	A	K	E	B	O	A	R	D	I	N	G
K	I	M	S	A	I	L	I	N	G	S	N
P	Z	R	C	Z	L	R	W	Z	S	C	D

PUZZLE 30

BMX	DIVING
TRIATHLON	ROCK CLIMBING
SQUASH	WAKEBOARDING
MARTIAL ARTS	SAILING

MYTHICAL CREATURES

G	I	P	H	O	E	N	I	X	X	M	U
K	Q	C	F	W	S	D	P	O	K	X	I
E	A	X	A	W	E	R	E	W	O	L	F
T	G	R	I	F	F	I	N	R	E	P	P
O	V	K	R	K	R	R	U	D	E	E	X
G	Q	B	Y	I	O	A	X	I	M	G	D
C	F	L	F	C	T	D	D	A	O	A	H
E	Z	J	I	N	O	T	R	M	N	S	J
E	U	N	E	I	U	J	A	R	G	U	X
T	U	C	D	H	E	R	G	E	M	S	D
W	K	U	E	A	C	V	O	M	G	K	O
B	H	B	Z	K	P	T	N	T	N	V	J

PUZZLE 31

UNICORN	**GRIFFIN**
DRAGON	**PEGASUS**
MERMAID	**FAIRY**
PHOENIX	**GNOME**
CENTAUR	**WEREWOLF**

MYTHICAL CREATURES

J	V	M	P	E	H	C	K	L	X	J	F
O	E	E	Z	N	V	D	N	N	L	I	Q
O	E	D	J	D	Q	E	S	E	H	T	J
A	H	U	P	F	K	P	R	R	O	E	R
R	S	S	C	A	O	D	M	I	Z	Y	U
E	N	A	R	L	U	H	Y	S	N	U	Q
M	A	K	C	M	I	N	O	T	A	U	R
I	B	Y	P	B	X	Q	R	K	N	Y	J
H	C	A	O	H	C	B	S	A	T	Y	R
C	Y	C	U	E	L	H	B	T	C	X	Q
C	O	G	M	X	I	J	Z	Z	C	C	S
T	H	A	R	P	Y	L	G	B	F	T	R

PUZZLE 32

YETI	**HARPY**
SIREN	**MEDUSA**
MINOTAUR	**BANSHEE**
CYCLOPS	**KRAKEN**
SATYR	**CHIMERA**

MYTHICAL CREATURES

M	K	I	T	S	U	N	E	V	K	U	I
N	T	H	U	N	D	E	R	B	I	R	D
N	P	V	B	K	U	Y	L	Q	D	X	P
K	S	N	V	I	E	L	S	Y	J	U	M
X	D	W	H	Q	G	L	F	J	I	R	Z
G	G	V	P	O	T	F	P	A	N	U	H
O	D	C	M	G	N	E	O	I	N	O	Y
B	A	V	S	A	M	L	H	O	E	T	D
L	W	S	V	K	Y	F	V	H	T	O	R
I	C	E	R	B	E	R	U	S	Y	Z	A
N	J	C	A	X	I	B	M	U	Q	D	N
E	X	L	E	P	R	E	C	H	A	U	N

PUZZLE 33

KITSUNE	**HYDRA**
DJINN	**CERBERUS**
ELF	**GOBLIN**
LEPRECHAUN	**KELPIE**
BIGFOOT	**THUNDERBIRD**

MYTHICAL CREATURES

D	O	S	Y	D	V	H	U	M	V	F	B
I	J	U	C	G	R	J	N	A	I	A	D
K	B	P	E	Y	G	O	R	G	O	N	A
S	W	M	V	X	K	C	F	G	T	W	O
I	Z	A	Y	G	G	D	R	A	S	I	L
L	S	C	V	A	L	K	Y	R	I	E	S
I	G	O	S	G	C	W	Y	Y	Z	D	Z
S	O	P	W	Y	V	E	R	N	X	U	Y
A	H	P	L	U	I	K	M	J	I	N	N
B	H	I	S	K	Q	B	U	Y	Y	P	Y
D	Z	H	O	B	G	O	B	L	I	N	E
S	O	S	P	R	I	T	E	S	Y	U	Z

PUZZLE 34

SPRITE	**BASILISK**
NAIAD	**GORGON**
VALKYRIE	**WYVERN**
YGGDRASIL	**HIPPOCAMPUS**
HOBGOBLIN	**JINN**

MYTHICAL CREATURES

N	C	L	S	E	L	K	I	E	Z	M	Z
S	L	E	I	P	N	I	R	X	D	X	A
J	F	V	V	O	K	K	F	S	O	A	B
V	Y	A	W	K	C	R	E	S	F	P	N
M	A	N	T	I	C	O	R	E	P	S	O
V	Z	N	A	G	A	B	U	Q	T	P	H
S	P	R	I	G	G	A	N	E	N	O	P
F	I	R	E	B	I	R	D	I	U	L	Y
Y	O	F	B	Q	F	N	H	P	G	C	R
R	K	G	C	X	U	C	M	R	Y	Y	G
L	T	X	Q	A	E	D	R	A	X	C	U
U	U	M	F	O	G	L	E	H	Z	G	F

PUZZLE 35

MANTICORE   **GRYPHON**

SPRIGGAN   **FAUN**

HARPIE   **SLEIPNIR**

CYCLOPS   **SELKIE**

NAGA   **FIREBIRD**

WEATHER

I	I	B	H	D	L	L	Q	T	S	V	E
S	Z	M	P	D	L	G	O	M	U	G	G
N	C	L	O	U	D	N	P	P	N	N	K
O	K	H	A	I	L	I	H	C	X	P	K
W	Y	U	T	Z	E	N	Z	O	R	C	S
E	S	T	O	R	M	T	G	R	P	H	O
A	X	W	A	R	O	H	P	E	Q	U	E
M	F	I	U	U	A	G	Z	D	Y	G	D
C	S	N	O	H	W	I	B	N	R	W	S
G	W	D	R	D	D	L	N	U	N	K	S
S	V	R	J	U	F	E	C	H	R	A	G
Y	S	O	F	F	O	G	M	T	O	E	K

PUZZLE 36

SUN	STORM
RAIN	LIGHTNING
SNOW	THUNDER
CLOUD	HAIL
WIND	FOG

WEATHER

Y	D	H	R	A	I	N	B	O	W	S	T
D	M	H	P	W	I	S	X	C	J	K	N
U	S	O	U	Y	C	P	U	I	J	S	I
O	L	S	N	R	Y	F	Z	N	G	I	P
L	E	L	B	S	R	G	D	S	N	D	D
C	E	W	J	Q	O	I	U	G	W	Y	R
R	T	I	P	U	Y	O	C	K	F	P	A
Q	V	T	I	C	C	Z	N	A	N	F	Z
W	D	R	I	Z	Z	L	E	T	N	V	Z
M	I	S	T	T	S	B	B	P	V	E	I
Z	J	L	H	T	E	K	W	Y	V	Z	L
N	Q	S	W	T	O	R	N	A	D	O	B

PUZZLE 37

MIST	HURRICANE
DRIZZLE	MONSOON
SLEET	RAINBOW
BLIZZARD	SUNNY
TORNADO	CLOUDY

A	M	E	D	J	J	J	S	Q	Z	G	Y
G	P	G	U	S	T	L	W	Q	L	U	I
G	L	B	O	J	I	U	M	G	T	G	R
D	U	A	M	Y	T	U	C	N	O	D	W
P	F	P	H	A	S	D	Y	I	H	S	Y
W	W	X	V	Y	A	I	D	Z	Z	S	S
O	D	V	N	K	C	A	N	E	Z	Y	N
K	L	K	A	C	R	R	I	E	M	C	O
P	O	W	Y	M	E	C	W	R	U	I	W
E	C	U	R	A	V	R	O	F	Y	R	Y
N	P	A	G	K	O	T	I	R	L	M	H
H	W	I	H	C	S	X	F	D	C	Y	W

PUZZLE 38

WINDY	HOT
STORMY	COLD
SNOWY	FREEZING
ICY	OVERCAST
WARM	GUST

WEATHER

F	N	M	U	G	G	Y	C	L	E	A	R
D	T	I	F	T	U	Z	T	H	A	Z	Y
H	R	B	V	X	M	X	O	B	X	R	Z
W	R	O	R	O	K	Y	L	S	X	A	Y
Q	B	X	U	E	O	C	H	I	L	L	Y
I	E	P	V	G	E	D	N	K	H	D	W
M	D	L	S	I	H	Z	F	Z	Z	D	C
N	B	U	E	V	W	T	E	R	L	Y	Y
R	K	V	Y	R	A	X	J	I	O	S	U
Q	H	U	M	I	D	O	M	H	B	S	C
E	P	S	I	Z	Z	L	I	N	G	J	T
G	D	K	I	Z	J	H	C	Z	R	L	Y

PUZZLE 39

BREEZE	CHILLY
HUMID	MUGGY
DROUGHT	SIZZLING
FROST	HAZY
MILD	CLEAR

WEATHER

H	F	Q	O	F	V	N	I	M	B	U	S
A	Y	A	X	P	L	H	D	X	X	W	G
E	C	I	R	R	U	S	J	D	X	B	O
M	S	T	Y	P	H	O	O	N	B	R	S
L	S	P	R	I	N	K	L	E	E	U	T
A	T	A	X	C	E	W	B	T	T	T	M
C	S	R	J	L	U	U	E	A	Y	B	C
I	E	E	A	U	H	M	R	A	X	Q	A
P	P	G	Y	O	O	T	U	N	Q	X	C
O	M	K	T	R	S	P	M	L	P	B	P
R	E	O	A	P	N	D	O	Y	U	Q	T
T	T	B	C	X	W	D	Y	A	K	S	G

PUZZLE 40

SPRINKLE	**CIRRUS**
GALE	**NIMBUS**
TYPHOON	**TROPICAL**
CUMULUS	**TEMPEST**
STRATUS	**BAROMETER**

BODY PARTS

L	J	S	A	Q	S	Q	H	M	J	O	V
I	H	A	I	R	Q	D	T	K	N	H	N
R	O	Y	A	D	T	D	E	R	Y	R	W
V	L	L	B	N	C	R	E	S	B	B	E
N	S	I	X	T	Y	H	T	B	D	W	Y
M	F	P	N	Y	L	E	I	A	E	R	E
G	O	S	F	T	K	X	E	N	I	A	R
L	B	U	Q	L	O	H	X	Q	M	E	E
C	C	C	T	G	S	N	T	Z	H	D	S
X	S	W	O	H	Y	C	G	G	W	Y	O
A	R	S	E	M	Q	S	C	U	J	U	N
U	I	Y	B	O	J	L	G	N	E	J	J

PUZZLE 41

HEAD	MOUTH
HAIR	LIPS
EYE	TEETH
NOSE	TONGUE
EAR	CHIN

BODY PARTS

M	D	A	P	T	R	C	K	O	Z	D	N
S	W	K	A	A	R	U	K	S	K	N	W
L	D	T	X	I	A	C	G	H	I	A	O
D	B	X	T	G	E	S	K	O	J	H	F
T	A	S	N	N	Y	S	W	U	Y	A	I
S	O	U	W	M	W	O	C	L	L	K	N
E	L	H	C	G	B	L	L	D	A	H	G
H	T	K	D	L	X	G	F	E	I	E	E
C	M	T	E	A	N	T	I	R	R	A	R
I	A	B	O	B	N	J	P	X	A	R	M
S	T	H	U	M	B	I	Y	O	V	T	Q
V	O	S	I	I	M	L	Q	R	G	O	S

PUZZLE 42

NECK	**FINGER**
SHOULDER	**THUMB**
ARM	**CHEST**
ELBOW	**HEART**
HAND	**LUNG**

BODY PARTS

W	Z	S	Z	C	Y	Q	S	O	T	D	F
L	W	H	A	F	B	L	B	A	C	K	M
E	K	T	I	T	F	P	O	E	Y	X	O
L	C	N	I	P	G	L	Q	H	J	Z	E
K	C	Q	E	I	M	R	D	Z	M	W	A
N	Z	S	P	E	Z	X	X	C	E	O	H
A	P	S	T	H	Z	R	U	O	B	E	U
Y	M	B	P	O	Y	A	T	T	E	Y	M
J	L	J	I	I	M	C	I	I	L	X	E
W	F	O	O	T	N	A	T	P	L	L	C
K	V	N	J	W	X	E	C	B	Y	H	E
R	Y	U	S	L	E	G	L	H	O	T	E

PUZZLE 43

STOMACH	**FOOT**
BELLY	**TOE**
HIP	**ANKLE**
LEG	**BACK**
KNEE	**SPINE**

BODY PARTS

A	V	C	A	L	F	E	V	Z	V	W	S
T	H	I	J	Q	Z	F	G	J	Q	A	T
M	T	K	Z	R	S	K	I	N	Y	I	H
N	K	V	H	G	X	O	K	D	K	S	I
B	U	T	T	O	C	K	S	V	P	T	G
T	B	T	X	E	L	O	U	V	B	T	H
Q	W	H	Q	L	W	Z	R	O	S	U	B
T	G	A	J	C	P	Q	F	I	K	S	V
M	V	F	N	S	A	G	R	N	B	K	Z
X	M	D	C	U	L	W	O	N	A	I	L
I	L	X	K	M	M	X	R	J	A	H	M
N	I	W	U	K	F	V	O	J	C	O	K

PUZZLE 44

RIB	**NAIL**
WAIST	**PALM**
BUTTOCKS	**WRIST**
MUSCLE	**CALF**
SKIN	**THIGH**

BODY PARTS

T	R	H	U	Q	X	D	I	M	P	L	E
I	J	L	Z	E	F	N	L	J	A	Z	X
P	S	A	K	L	O	J	A	M	I	H	T
M	Z	Y	E	P	R	T	S	T	H	N	A
R	L	H	E	M	E	G	H	U	B	S	R
A	I	C	H	E	H	S	Z	C	H	H	W
J	R	W	C	T	E	Z	M	K	C	E	F
C	T	A	Q	A	A	W	Z	U	F	C	R
M	S	J	I	S	D	B	R	O	W	I	U
B	O	A	D	A	M	S	A	P	P	L	E
H	N	T	S	Q	G	D	A	S	U	Q	C
U	C	W	A	M	Y	W	X	Q	R	U	E

PUZZLE 45

BROW	**ADAM'S APPLE**
LASH	**ARMPIT**
CHEEK	**FOREHEAD**
TEMPLE	**DIMPLE**
JAW	**NOSTRIL**

FLOWERS AND PLANTS

P	E	O	N	Y	I	B	T	F	E	T	R
Q	Y	B	R	L	P	A	N	S	Y	C	I
N	L	H	E	U	P	X	L	G	D	G	J
K	I	M	W	P	O	P	P	Y	I	Q	K
L	L	D	O	A	I	R	I	S	H	L	X
S	O	S	L	Q	H	G	T	Z	C	U	L
P	W	P	F	H	E	R	A	M	R	G	F
P	M	N	N	P	M	O	O	D	O	T	L
I	K	S	U	F	U	K	L	S	N	S	K
L	U	I	S	Y	Z	O	G	S	E	F	G
U	Y	J	M	E	R	K	D	A	I	S	Y
T	C	F	T	O	N	Y	I	B	K	V	C

PUZZLE 46

ROSE	ORCHID
TULIP	POPPY
DAISY	PANSY
SUNFLOWER	PEONY
LILY	IRIS

FLOWERS AND PLANTS

N	G	A	B	N	F	S	U	V	Q	M	J
R	S	C	A	C	T	U	S	F	U	O	Q
M	O	N	F	S	W	E	E	T	P	E	A
A	H	P	A	H	V	S	F	J	T	E	K
R	I	E	P	P	D	N	O	K	G	X	Z
I	B	T	V	J	D	H	I	N	E	S	W
G	I	U	T	V	P	R	A	Y	M	L	L
O	S	N	H	Y	S	R	A	C	X	L	J
L	C	I	S	Y	D	A	V	G	F	P	V
D	U	A	Z	Y	P	Z	X	P	O	Q	G
E	S	J	H	C	K	J	L	P	D	N	B
U	C	A	R	N	A	T	I	O	N	V	E

PUZZLE 47

CACTUS   HIBISCUS

MARIGOLD   CARNATION

PETUNIA   SNAPDRAGON

HYDRANGEA   SWEET PEA

FLOWERS AND PLANTS

G	E	T	A	L	Q	J	M	S	W	K	E
I	F	C	I	S	R	E	C	Z	L	E	S
U	A	D	W	G	T	F	G	I	K	J	O
C	S	A	F	N	E	E	P	X	X	C	R
J	U	F	D	A	E	R	R	A	S	P	M
W	T	F	B	L	W	U	L	T	O	T	I
A	O	O	F	U	C	H	S	I	A	P	R
I	L	D	V	K	J	P	T	W	L	G	P
N	V	I	O	Z	U	V	O	A	N	Y	S
N	U	L	F	V	Z	S	S	N	Q	A	K
I	D	P	Z	Z	E	M	E	U	D	W	A
Z	M	D	A	H	L	I	A	S	F	C	W

PUZZLE 48

ASTER	**ZINNIA**
DAFFODIL	**FUCHSIA**
PRIMROSE	**DAHLIA**
TIGER LILY	**LOTUS**

FLOWERS AND PLANTS

M	E	M	Y	K	A	X	P	I	G	V	G
F	O	F	W	Q	I	B	A	M	B	O	O
G	P	R	J	L	U	L	Z	A	A	P	Q
P	X	M	N	O	A	K	S	T	B	N	B
U	F	L	P	I	O	T	O	T	S	P	B
C	B	L	P	R	N	N	G	J	S	I	F
R	E	R	A	V	C	G	U	P	M	N	E
E	L	A	L	B	J	A	G	C	X	E	R
T	P	R	M	O	F	X	D	L	K	S	N
T	A	V	W	I	L	L	O	W	O	J	T
U	M	S	Z	G	R	I	V	Y	N	R	Q
B	N	E	U	I	J	Y	B	J	H	A	Y

PUZZLE 49

MORNING GLORY	OAK
BUTTERCUP	PALM
FERN	BAMBOO
IVY	PINE
MAPLE	WILLOW

FLOWERS AND PLANTS

E	U	M	V	E	L	I	S	A	G	E	J
L	K	B	Q	K	H	S	O	T	F	U	R
I	N	C	O	R	N	F	L	O	W	E	R
M	N	C	E	G	R	B	B	I	W	M	P
O	U	M	M	U	E	R	I	M	C	E	A
M	K	N	Y	S	D	O	R	I	U	M	R
A	L	U	H	K	N	S	C	B	T	U	S
H	B	F	T	V	E	E	H	A	L	E	L
C	L	F	Y	N	V	M	C	S	X	J	E
J	M	I	N	T	A	A	V	I	G	D	Y
B	Y	K	W	Z	L	R	M	L	B	P	P
W	T	A	P	I	P	Y	A	P	H	C	J

PUZZLE 50

BIRCH   **THYME**

ROSEMARY   **BASIL**

LAVENDER   **CHAMOMILE**

MINT   **PARSLEY**

SAGE   **CORNFLOWER**

JOBS

V	D	O	C	T	O	R	A	R	Y	P	N
E	T	E	A	C	H	E	R	E	T	Q	A
T	Y	J	I	T	N	G	R	T	K	G	P
E	Q	U	D	G	L	T	P	H	N	L	J
R	R	J	K	X	E	U	Y	G	N	R	T
I	E	V	Q	S	I	A	G	I	Y	E	O
N	M	S	R	P	M	N	T	F	G	E	L
A	O	U	Z	O	Z	O	H	E	C	N	I
R	N	D	J	L	C	R	H	R	T	I	P
I	V	F	Q	I	H	T	O	I	Y	G	E
A	F	F	Y	C	E	S	O	F	U	N	T
N	T	M	C	E	F	A	U	B	S	E	H

PUZZLE 51

DOCTOR	PILOT
TEACHER	CHEF
FIREFIGHTER	VETERINARIAN
POLICE	ENGINEER
NURSE	ASTRONAUT

JOBS

N	K	L	A	W	Y	E	R	M	X	N	T
A	O	J	V	E	R	P	N	J	B	E	S
I	R	S	O	B	E	X	D	D	O	X	I
C	Y	D	D	U	M	A	R	T	I	S	T
I	D	S	G	C	R	U	J	O	B	P	N
S	P	A	F	K	A	N	X	A	E	K	E
U	E	S	N	E	F	E	A	T	M	B	I
M	C	A	P	C	I	O	E	L	E	Q	C
H	W	K	Z	J	E	L	N	Y	I	P	S
W	N	F	E	R	H	R	I	I	R	S	I
X	W	R	I	T	E	R	Z	R	V	E	T
H	G	F	A	R	K	A	C	T	O	R	N

PUZZLE 52

ARTIST	**SCIENTIST**
WRITER	**FARMER**
DANCER	**ACTOR**
MUSICIAN	**LAWYER**
ATHLETE	**JOURNALIST**

JOBS

E	M	P	L	U	M	B	E	R	U	R	N
S	G	A	Q	I	E	N	P	J	E	G	A
D	A	T	I	H	Y	Z	M	K	N	D	I
N	R	F	W	L	I	M	N	L	C	E	R
B	D	E	B	D	C	A	N	I	P	N	A
N	E	Q	J	R	B	A	N	C	V	T	R
C	N	F	L	X	C	A	R	O	H	I	B
G	E	C	A	S	H	I	E	R	I	S	I
E	R	R	A	C	K	C	F	M	I	T	L
D	Z	Q	E	M	S	A	G	K	P	E	W
I	R	M	R	G	W	A	I	T	E	R	R
L	E	Z	A	R	C	H	I	T	E	C	T

PUZZLE 53

LIBRARIAN	**BANKER**
MECHANIC	**CASHIER**
ARCHITECT	**WAITER**
DENTIST	**GARDENER**
MAIL CARRIER	**PLUMBER**

JOBS

E	N	R	A	S	S	O	L	D	I	E	R
L	T	I	F	O	L	P	Y	H	K	E	R
E	O	E	M	C	W	J	N	E	H	N	E
C	L	G	W	I	Y	E	A	P	B	M	E
T	I	D	D	A	S	C	A	H	E	T	N
R	P	U	W	L	X	R	B	C	T	S	I
I	E	J	G	W	G	Z	D	A	F	P	G
C	J	E	W	O	M	N	H	O	T	K	N
I	O	U	T	R	E	B	L	C	G	M	E
A	E	O	Y	K	S	P	Y	M	V	O	N
N	H	O	H	E	J	D	N	O	D	M	C
P	X	S	U	R	G	M	Y	M	J	T	I

PUZZLE 54

ELECTRICIAN   PILOT

SOLDIER   PHOTOGRAPHER

COACH   JUDGE

ENGINEER   SOCIAL WORKER

JOBS

R	K	V	J	M	Y	S	S	N	R	P	F
E	V	L	Y	K	X	C	E	R	E	F	L
B	U	C	K	R	G	I	C	E	S	G	M
R	Z	D	E	E	X	E	R	P	S	R	L
A	W	K	L	C	R	N	E	E	E	E	I
B	A	B	Y	S	I	T	T	E	R	T	F
B	A	E	O	O	M	I	A	K	D	N	E
S	P	Z	Y	Q	S	S	R	O	R	E	G
F	L	O	R	I	S	T	Y	O	I	P	U
Q	X	Z	V	L	E	F	B	Z	A	R	A
W	X	D	N	O	N	A	T	U	H	A	R
G	D	C	U	M	N	A	F	A	I	C	D

PUZZLE 55

FLORIST   LIFEGUARD
ZOOKEEPER HAIRDRESSER
SCIENTIST   BARBER
CARPENTER   SECRETARY
BAKER   BABYSITTER

SCHOOL

S	S	T	U	D	E	N	T	Q	D	K	X
C	S	H	C	E	X	B	U	S	T	A	E
S	D	U	H	S	D	O	R	I	B	M	P
V	M	U	A	K	H	E	R	F	G	J	O
D	A	T	L	S	H	Y	F	X	N	Q	Y
E	G	K	K	C	C	S	I	X	E	D	R
X	C	L	A	S	S	R	O	O	M	L	U
V	I	E	V	Y	Q	S	Y	S	P	I	L
G	T	E	E	V	U	K	T	Y	A	C	E
D	V	Y	E	R	A	S	E	R	P	N	R
V	M	D	B	D	E	R	A	V	E	E	R
W	F	E	K	B	O	O	K	O	R	P	R

PUZZLE 56

PENCIL	CLASSROOM
BOOK	PAPER
DESK	RULER
TEACHER	ERASER
STUDENT	CHALK

SCHOOL

O	T	B	A	C	K	P	A	C	K	W	T
G	Q	O	W	O	L	I	B	R	A	R	Y
J	G	A	N	R	A	L	O	O	I	K	D
R	L	X	O	O	Z	A	E	Y	A	T	E
U	U	R	T	T	C	C	S	W	R	R	D
V	E	E	E	A	X	P	R	T	Q	L	D
U	J	K	B	L	R	J	O	A	L	K	S
B	K	R	O	U	E	V	S	I	Y	V	C
Q	N	A	O	C	C	H	S	H	G	O	D
P	A	M	K	L	E	U	I	D	U	B	N
B	V	Z	Q	A	S	B	C	I	Z	E	Y
B	C	G	U	C	S	L	S	I	Q	C	N

PUZZLE 57

SCISSORS   NOTEBOOK

CRAYON   CALCULATOR

MARKER   BOARD

GLUE   LIBRARY

BACKPACK   RECESS

SCHOOL

G	E	O	G	R	A	P	H	Y	I	E	X
Y	R	D	T	B	A	Y	O	Z	C	Z	S
L	D	P	G	P	B	G	E	F	G	Q	P
B	I	P	M	H	G	H	J	R	H	J	E
E	S	C	I	E	N	C	E	I	T	S	L
A	I	Q	C	H	S	N	K	E	A	U	L
R	M	U	S	I	C	U	L	N	M	N	I
T	N	W	U	R	G	L	E	D	T	X	N
L	I	M	G	I	W	P	O	S	M	V	G
C	G	F	H	I	S	T	O	R	Y	I	B
K	V	X	Q	L	W	O	S	E	I	I	I
O	T	B	N	T	X	P	K	V	J	E	L

PUZZLE 58

ART	GEOGRAPHY
MUSIC	PE
MATH	SPELLING
SCIENCE	LUNCH
HISTORY	FRIENDS

SCHOOL

R	E	P	S	R	N	A	T	Q	U	I	Z
W	D	F	H	R	G	F	C	M	L	N	H
P	A	X	W	E	A	G	E	U	K	Y	U
S	R	O	Q	P	N	F	J	X	C	Z	K
C	G	E	L	O	O	S	O	K	P	S	R
J	L	P	L	R	I	T	R	K	Y	C	O
B	J	I	E	T	N	D	P	N	I	Q	W
U	E	K	B	E	V	Z	R	B	V	S	E
O	N	H	R	S	B	X	X	Q	U	X	M
A	B	A	T	E	S	T	C	B	O	C	O
Z	P	R	I	N	C	I	P	A	L	R	H
Z	V	A	A	C	J	Q	T	T	L	K	D

PUZZLE 59

BUS	HOMEWORK
BELL	REPORT
PROJECT	PARENT
TEST	PRINCIPAL
QUIZ	GRADE

SCHOOL

V	R	J	A	Y	V	I	Y	I	S	Z	W
G	G	D	F	B	R	W	N	Q	C	N	Y
N	N	M	I	A	S	C	B	Y	H	E	A
I	I	X	J	C	A	E	D	E	E	A	L
N	D	N	M	X	T	U	N	P	D	G	P
R	A	Y	Y	X	T	I	Y	T	U	V	H
A	E	Z	G	S	I	P	O	O	L	L	A
E	R	T	G	M	M	F	Q	N	E	I	B
L	W	R	I	T	I	N	G	H	A	N	E
M	M	P	X	J	B	B	J	M	B	R	T
D	C	E	R	A	L	E	T	T	E	R	Y
E	F	K	B	L	Y	I	B	B	M	B	E

PUZZLE 60

ABSENT	**GYM**
STUDY	**READING**
LETTER	**WRITING**
ALPHABET	**SCHEDULE**
DICTIONARY	**LEARNING**

COLORS

C	X	A	F	D	K	M	Y	X	O	T	M
Y	J	Q	E	G	B	R	O	W	N	O	T
Q	H	R	K	A	M	Z	W	V	P	R	T
P	I	J	C	G	R	E	E	N	Q	A	Y
S	X	A	A	H	U	T	M	X	O	N	G
V	F	J	L	P	I	L	W	N	S	G	E
O	B	V	B	H	I	O	T	H	M	E	C
A	L	T	W	R	L	N	E	L	Y	R	E
D	U	N	K	L	Q	A	K	Y	W	L	X
G	E	P	E	E	P	U	R	P	L	E	G
W	W	Y	F	A	H	G	E	I	A	B	U
P	T	C	F	P	O	M	T	R	D	A	M

PUZZLE 61

RED	PURPLE
BLUE	PINK
GREEN	BROWN
YELLOW	BLACK
ORANGE	WHITE

COLORS

X	I	H	O	U	U	H	Z	W	Y	F	X
J	O	T	Y	N	X	C	R	F	V	J	C
T	F	D	C	R	Y	A	E	E	A	Q	O
M	L	T	W	A	Y	E	V	S	N	B	G
P	M	L	R	U	A	P	L	I	G	R	I
Z	F	A	I	J	R	D	I	O	D	O	D
K	G	Q	G	L	G	S	S	U	H	Y	N
D	C	G	Z	E	I	I	U	Q	R	C	I
O	T	U	A	S	N	M	B	R	N	G	H
O	E	Z	L	B	T	T	E	U	I	P	L
P	A	N	Y	I	C	R	A	T	D	L	E
Y	L	U	G	O	L	D	O	D	Y	W	G

PUZZLE 62

GRAY	**LIME**
SILVER	**MAGENTA**
GOLD	**TEAL**
INDIGO	**NAVY**
TURQUOISE	**PEACH**

COLORS

A	J	Q	Z	M	J	K	I	X	Y	L	O
G	S	S	B	A	A	J	G	E	B	Z	L
H	R	A	X	L	T	R	R	T	U	G	I
X	E	L	B	E	E	K	O	A	S	Q	V
G	F	M	Y	G	L	K	M	O	Q	Y	E
M	C	O	R	I	O	H	T	B	N	U	D
M	C	N	P	E	I	P	E	A	I	P	A
A	C	J	N	B	V	X	X	R	N	D	B
R	U	U	R	B	T	J	J	I	O	S	Q
U	X	H	H	L	A	V	E	N	D	E	R
X	K	O	J	F	N	N	X	B	G	X	Y
G	N	J	C	O	R	A	L	M	I	N	T

PUZZLE 63

MAROON	LAVENDER
AQUA	TAN
CORAL	SALMON
VIOLET	MINT
BEIGE	OLIVE

COLORS

U	I	F	I	R	N	V	F	E	H	A	J
R	T	E	A	M	B	E	R	E	O	S	J
Z	L	M	W	S	K	Y	T	B	L	U	E
R	A	U	C	H	Y	A	U	R	B	P	Y
W	B	Q	X	B	L	W	I	Y	Y	E	X
F	O	I	Y	S	O	X	T	X	A	N	K
C	C	C	H	A	R	T	R	E	U	S	E
A	V	N	D	M	A	D	R	C	B	K	Z
L	B	S	U	K	R	O	S	E	B	I	N
I	K	P	V	H	J	N	G	C	V	J	O
L	Z	R	L	T	K	C	R	E	A	M	R
E	G	V	P	G	M	A	U	V	E	X	B

PUZZLE 64

CREAM   CHARTREUSE

SKY BLUE   AMBER

ROSE   LILAC

COBALT   SLATE

MAUVE   BRONZE

COLORS

E	T	X	H	C	I	N	N	A	M	O	N
I	V	D	Q	C	Y	J	X	F	I	A	O
J	K	C	M	V	B	E	U	Y	E	N	L
J	O	A	T	R	L	U	G	H	A	C	N	U
M	U	D	O	I	R	T	S	V	R	S	Q
M	I	O	E	N	M	K	V	S	U	A	F
K	V	Q	Z	P	E	S	O	C	I	G	Z
T	O	L	P	L	U	M	O	F	I	E	S
X	R	E	W	K	E	G	V	N	K	F	L
U	Y	P	E	R	I	W	I	N	K	L	E
N	V	E	R	A	J	I	U	I	W	L	J
G	C	S	I	W	S	N	R	U	S	T	U

PUZZLE 65

RUBY	PERIWINKLE
PLUM	RUST
CINNAMON	IVORY
JADE	ECRU
SAGE	CRIMSON

MUSIC

W	J	X	F	L	U	T	E	F	K	B	A
J	Y	H	A	R	M	O	N	I	C	A	K
S	A	X	O	P	H	O	N	E	J	B	O
W	T	U	B	K	O	F	O	K	P	L	E
W	R	K	K	N	Y	N	Z	N	M	J	O
C	U	H	A	K	S	O	J	P	S	R	W
F	M	I	R	C	P	B	Z	L	H	M	N
C	P	X	Y	L	O	P	H	O	N	E	A
M	E	I	J	D	U	V	I	O	L	I	N
E	T	U	K	U	L	E	L	E	D	P	A
E	E	Y	F	B	Z	R	D	R	U	M	S
G	U	I	T	A	R	G	D	L	C	C	W

PUZZLE 66

PIANO	TRUMPET
GUITAR	SAXOPHONE
VIOLIN	HARMONICA
DRUMS	XYLOPHONE
FLUTE	UKULELE

MUSIC

V	J	I	K	Q	Y	E	U	E	G	P	H
M	X	M	F	E	B	F	L	X	U	A	T
F	I	I	A	V	Y	G	H	U	D	E	D
S	M	C	N	R	N	B	Y	A	N	I	R
K	H	L	R	A	A	J	O	I	R	O	E
R	H	U	I	O	Y	C	R	A	J	P	C
R	M	R	L	Q	P	A	A	N	R	P	O
E	T	T	C	C	L	H	A	S	R	D	R
K	A	N	X	C	J	B	O	A	C	V	D
W	Z	C	E	L	L	O	F	N	G	D	E
I	T	T	V	C	X	B	S	D	E	X	R
E	R	T	A	M	B	O	R	I	N	E	R

PUZZLE 67

BANJO	**TRIANGLE**
TAMBORINE	**MARACAS**
CLARINET	**KEYBOARD**
CELLO	**MICROPHONE**
HARP	**RECORDER**

MUSIC

E	V	U	N	I	Q	F	P	I	V	R	J
V	H	P	E	T	J	D	I	E	C	E	Z
G	O	S	P	X	H	A	L	T	Y	Z	P
H	R	O	I	V	Y	T	Y	U	M	I	W
F	N	G	A	A	I	Q	R	B	B	S	A
C	G	N	W	G	O	O	O	A	A	E	J
I	E	O	E	N	P	U	L	A	L	H	N
X	W	B	G	O	U	D	E	A	S	T	S
I	V	A	U	C	B	E	L	L	S	N	E
A	C	C	O	R	D	I	O	N	L	Y	U
Q	K	R	K	X	O	U	Z	S	D	S	D
F	V	B	D	B	A	S	S	M	F	C	M

PUZZLE 68

ACCORDION   **CYMBALS**

BELLS   **TUBA**

VIOLA   **CONGA**

BONGOS   **HORN**

BASS   **SYNTHESIZER**

MUSIC

I	H	W	H	Y	S	Z	I	T	H	E	R
X	O	E	T	A	T	E	J	A	U	D	T
F	O	X	A	M	E	F	L	B	P	Z	I
R	D	U	R	B	N	O	P	M	O	J	M
F	I	J	A	A	A	B	P	I	E	D	P
S	R	G	T	G	T	O	B	R	Z	J	A
S	E	N	I	P	S	E	T	A	P	E	N
F	G	X	S	I	A	Z	S	M	K	M	I
Y	D	I	T	P	C	R	S	E	G	B	H
N	I	U	W	E	X	A	N	W	M	E	J
R	D	S	N	S	S	X	B	S	J	O	N
R	J	M	A	N	D	O	L	I	N	Y	L

PUZZLE 69

MANDOLIN	**MARIMBA**
OBOE	**TIMPANI**
DJEMBE	**SITAR**
CASTANETS	**BAGPIPES**
ZITHER	**DIDGERIDOO**

MUSIC

C	O	K	B	U	G	L	E	Z	I	E	W
P	G	R	G	A	N	Z	U	N	D	N	V
Y	V	I	B	R	A	S	L	A	P	I	L
D	K	L	J	Z	C	C	B	A	G	R	H
R	C	S	N	S	M	W	O	N	V	U	Q
R	I	G	I	E	I	O	O	I	B	O	H
X	T	O	M	P	J	R	Z	R	P	B	A
S	S	N	E	I	O	I	A	A	I	M	C
K	N	G	R	P	M	U	K	C	Q	A	Z
H	I	H	E	N	B	G	K	O	L	T	P
G	A	W	H	A	S	K	R	M	X	T	P
Z	R	X	T	P	N	D	H	K	G	J	S

PUZZLE 70

GUIRO   PANPIPES

TAMBOURINE   THEREMIN

RAINSTICK   VIBRASLAP

KAZOO   OCARINA

BUGLE   GONG

COUNTRIES

Q	U	K	I	D	K	P	X	U	A	G	B
A	F	Q	O	E	J	F	J	J	N	V	T
M	I	E	H	A	A	Q	S	M	I	D	C
D	Z	C	S	D	P	X	H	D	H	T	Q
J	L	G	Q	A	A	F	U	E	C	X	R
X	A	A	B	N	N	X	Y	N	Y	I	Y
Z	W	I	R	A	B	O	F	M	P	T	N
T	X	D	A	C	G	R	R	A	M	A	A
P	Z	N	Z	H	R	M	A	R	Y	L	M
Y	R	I	I	J	Y	C	N	K	R	Y	R
G	T	P	L	A	P	O	C	E	Y	B	E
E	L	S	X	J	V	F	E	Q	F	I	G

PUZZLE 71

BRAZIL	**FRANCE**
CANADA	**GERMANY**
CHINA	**INDIA**
DENMARK	**ITALY**
EGYPT	**JAPAN**

COUNTRIES

S	U	D	F	Z	Y	S	H	X	D	Y	A	Y	Z
A	N	T	T	B	E	E	S	Q	A	T	U	A	S
P	K	T	W	K	K	T	W	D	Q	Y	N	W	P
W	Z	E	U	V	R	A	P	J	A	P	I	R	A
Y	E	I	N	W	U	T	K	E	T	E	T	O	I
I	N	M	I	Y	T	S	A	G	A	R	E	N	N
J	I	Z	S	H	A	D	I	I	R	U	D	G	P
F	X	O	P	S	X	E	S	U	X	F	K	Q	C
M	Y	O	V	E	J	T	S	R	Q	R	I	K	V
Q	E	W	U	V	N	I	U	H	U	V	N	R	H
A	K	X	F	B	A	N	R	V	X	Z	G	A	M
Y	J	Z	I	M	A	U	M	K	J	I	D	K	N
P	O	U	F	C	N	R	R	N	U	I	O	K	G
T	G	P	G	U	O	R	D	I	M	X	M	J	W

PUZZLE 72

KENYA	RUSSIA
MEXICO	SPAIN
NORWAY	TURKEY
PERU	UNITED
QATAR	KINGDOM
	UNITED STATES

COUNTRIES

F	D	C	G	R	E	E	C	E	C	K	B
I	I	W	W	N	C	G	X	W	U	N	S
A	N	N	A	U	S	T	R	A	L	I	A
A	R	D	L	Q	T	N	Z	B	H	X	R
A	W	G	O	A	E	K	A	D	C	S	X
A	L	C	E	N	N	C	S	H	O	A	M
X	M	P	U	N	E	D	W	U	L	R	S
S	Q	T	S	B	T	S	N	B	O	U	Y
R	C	T	N	W	A	I	I	X	M	D	T
G	K	W	D	E	V	Q	N	A	B	N	N
I	R	E	L	A	N	D	A	A	I	O	R
B	E	L	G	I	U	M	F	C	A	H	K

PUZZLE 73

ARGENTINA　　**FINLAND**

AUSTRALIA　　**GREECE**

BELGIUM　　**HONDURAS**

COLOMBIA　　**INDONESIA**

CUBA　　**IRELAND**

COUNTRIES

M	A	U	R	I	T	I	U	S	J	D	N
C	I	T	D	M	A	L	T	A	N	N	N
E	N	J	P	D	Z	P	O	W	A	A	E
K	A	A	A	V	R	P	B	T	R	L	T
V	M	M	N	G	F	M	S	U	P	A	H
C	O	A	A	N	M	H	N	S	X	E	E
E	R	I	M	E	K	O	I	T	F	Z	R
D	I	C	A	A	N	O	E	E	F	Q	L
Y	P	A	Z	A	P	M	K	C	D	W	A
E	A	A	B	T	N	A	K	P	X	E	N
A	K	E	J	U	A	N	O	D	D	N	D
C	L	K	N	J	F	V	E	G	O	Q	S

PUZZLE 74

JAMAICA   NEW ZEALAND

KAZAKHSTAN   OMAN

LEBANON   PANAMA

MALTA   MAURITIUS

NETHERLANDS   ROMANIA

COUNTRIES

A	S	A	S	W	E	D	E	N	G	B	R
D	I	L	D	T	H	A	I	L	A	N	D
A	N	E	Z	Z	A	M	B	I	A	F	Y
N	G	U	J	M	W	K	L	G	V	A	T
E	A	Z	O	N	Q	H	L	F	U	P	N
R	P	E	Y	Y	L	V	K	G	P	M	G
G	O	N	D	Q	Y	Y	U	Q	K	G	L
Z	R	E	M	B	A	R	G	J	H	D	E
O	E	V	L	Q	U	H	U	X	A	W	H
Q	S	O	U	T	H	A	F	R	I	C	A
W	N	U	V	U	T	T	Z	V	T	I	Y
P	Y	E	M	E	N	K	D	Y	I	B	W

PUZZLE 75

SINGAPORE   **VENEZUELA**

SOUTH AFRICA   **YEMEN**

SWEDEN   **ZAMBIA**

THAILAND   **GRENADA**

URUGUAY   **HAITI**

CAPITALS

T	T	U	F	F	M	A	D	R	I	D	F
B	A	G	T	P	V	X	Z	X	F	N	K
A	E	C	R	E	F	P	E	N	M	Z	Z
T	A	I	L	O	N	D	O	N	U	H	J
H	X	R	J	T	R	Y	P	Z	S	O	B
E	C	U	E	I	E	R	A	A	I	T	T
N	A	Y	M	G	N	U	R	W	K	L	O
S	I	Y	O	P	T	G	I	A	P	T	K
H	R	E	R	Z	Q	V	S	T	C	V	Y
R	O	D	T	X	G	G	J	T	P	K	O
H	M	C	Y	A	S	B	Y	O	R	I	T
D	M	O	S	C	O	W	Y	H	Z	L	F

PUZZLE 76

LONDON	CAIRO
PARIS	MOSCOW
BEIJING	MADRID
TOKYO	ATHENS
ROME	OTTAWA

CAPITALS

J	V	W	T	S	N	H	A	V	A	N	A
B	R	A	S	I	L	I	A	X	G	Z	Y
W	Z	K	K	Z	D	U	B	L	I	N	U
B	U	E	N	O	S	A	I	R	E	S	J
C	G	A	M	H	P	U	K	Z	M	K	A
S	T	O	C	K	H	O	L	M	I	G	R
O	I	H	S	L	Z	P	C	V	V	C	R
L	A	M	S	T	E	R	D	A	M	G	E
S	I	X	N	E	W	D	E	L	H	I	B
O	B	W	A	S	H	I	N	G	T	O	N
S	S	D	D	G	W	W	W	R	V	X	A
M	E	R	X	E	C	J	Z	Z	U	N	C

PUZZLE 77

CANBERRA	DUBLIN
BRASILIA	OSLO
WASHINGTON	STOCKHOLM
NEW DELHI	HAVANA
AMSTERDAM	BUENOS AIRES

CAPITALS

Z	B	A	N	G	K	O	K	Z	Q	A	C
C	L	C	B	E	R	L	I	N	I	B	K
P	G	L	E	S	W	K	J	A	Q	R	N
I	R	I	S	T	A	N	B	U	L	U	O
M	R	E	N	U	S	A	D	Q	Q	S	T
R	X	J	T	A	U	N	L	O	D	S	G
S	Y	E	F	O	B	N	B	G	Y	E	N
F	L	F	L	W	R	E	Z	Z	M	L	I
N	I	S	A	N	T	I	A	G	O	S	L
G	M	Y	B	A	J	V	A	F	K	L	L
F	A	N	A	I	R	O	B	I	S	M	E
P	V	V	Z	U	R	N	P	S	D	C	W

PUZZLE 78

LIMA   BERLIN

SANTIAGO   NAIROBI

VIENNA   WELLINGTON

BANGKOK   PRETORIA

ISTANBUL   BRUSSELS

CAPITALS

X	X	L	J	Z	J	G	Z	B	D	N	L
I	A	R	A	B	A	T	X	Y	C	C	S
K	N	E	I	W	D	N	V	T	T	P	Y
N	O	P	R	A	G	U	E	I	W	A	C
I	B	R	K	D	E	C	J	C	M	U	Q
S	S	Q	P	A	Z	N	S	A	Z	V	D
L	I	A	U	I	F	A	K	M	N	P	F
E	L	U	L	F	A	C	G	A	G	J	V
H	C	A	P	E	T	O	W	N	F	K	P
S	E	O	U	L	N	F	S	A	J	L	F
K	U	A	L	A	L	U	M	P	U	R	O
W	W	M	S	I	N	G	A	P	O	R	E

PUZZLE 79

LISBON	**HELSINKI**
SEOUL	**SINGAPORE**
KUALA LUMPUR	**RABAT**
CANCUN	**CAPE TOWN**
PRAGUE	**PANAMA CITY**

CAPITALS

P	M	W	M	A	N	A	G	U	A	J	L
Y	T	H	M	I	N	S	K	W	X	A	Z
B	E	H	F	V	V	A	M	L	A	H	F
S	T	E	G	U	C	I	G	A	L	P	A
X	B	E	L	G	R	A	D	E	T	D	H
K	V	I	E	N	T	I	A	N	E	J	Y
K	A	T	H	M	A	N	D	U	D	Y	U
J	I	Z	O	T	A	S	H	K	E	N	T
I	C	U	T	U	Z	P	A	S	W	F	G
U	N	P	I	J	A	K	A	R	T	A	Z
S	A	N	U	J	O	S	E	X	D	C	U
Z	S	W	Q	Y	A	S	D	R	B	D	Z

PUZZLE 80

JAKARTA	**TASHKENT**
TEGUCIGALPA	**MINSK**
SAN JOSE	**BELGRADE**
QUITO	**KATHMANDU**
VIENTIANE	**MANAGUA**

EMOTIONS

V	Q	E	K	C	N	F	I	W	R	X	Y
I	N	Y	X	Q	K	A	J	W	H	R	H
Z	P	B	Z	C	F	Z	O	Q	A	C	D
S	Z	D	R	R	I	Z	N	X	P	S	E
H	U	V	W	E	G	T	V	D	P	D	V
A	T	R	D	F	S	E	E	Q	Y	U	O
N	L	A	P	G	V	R	J	D	Z	O	L
G	S	I	G	R	A	C	W	S	U	R	I
R	W	W	N	C	I	O	W	J	W	P	Y
Y	A	S	S	M	B	S	I	L	D	H	T
Z	W	T	F	F	X	K	E	Z	S	L	Y
B	O	R	E	D	L	G	L	D	R	G	C

PUZZLE 81

HAPPY	PROUD
SAD	SURPRISED
ANGRY	SHY
EXCITED	BORED
SCARED	LOVED

EMOTIONS

S	S	V	X	I	O	A	U	R	R	L	Z
D	I	X	G	U	I	L	T	Y	S	U	J
Y	T	L	B	Y	V	D	E	F	D	F	B
J	E	A	L	O	U	S	J	Y	E	E	W
L	M	H	E	Y	Q	Y	T	T	S	T	M
U	X	B	E	S	R	P	E	S	U	A	L
G	B	G	H	G	T	I	U	B	F	R	A
W	R	P	O	N	U	O	W	A	N	G	C
U	A	S	Q	B	I	T	J	E	O	B	V
N	V	T	I	R	E	D	X	O	C	Q	I
Y	E	F	U	E	M	W	Q	J	A	J	T
L	Y	C	T	J	D	L	O	N	E	L	Y

PUZZLE 82

LONELY	CURIOUS
CONFUSED	JEALOUS
BRAVE	GRATEFUL
CALM	GUILTY
SILLY	TIRED

EMOTIONS

D	L	G	A	M	U	S	E	D	E	J	R
I	Z	D	N	E	R	V	O	U	S	U	Z
S	C	E	Q	E	N	M	C	W	K	O	D
A	E	S	J	W	O	R	R	I	E	D	K
P	T	S	R	E	L	I	E	V	E	D	L
P	N	A	N	X	M	X	U	L	M	C	G
O	E	R	C	D	W	O	A	U	W	L	T
I	T	R	B	M	G	X	U	F	B	E	X
N	N	A	J	F	Z	F	L	E	D	V	N
T	O	B	Z	H	A	O	B	P	N	E	U
E	C	M	S	J	A	R	H	O	I	R	N
D	Z	E	Z	M	G	V	Y	H	K	A	U

PUZZLE 83

NERVOUS	WORRIED
HOPEFUL	AMUSED
EMBARRASSED	RELIEVED
CONTENT	CLEVER
DISAPPOINTED	KIND

EMOTIONS

J	F	M	F	E	H	C	Y	Q	Y	V	E
R	O	R	E	Z	F	U	L	P	Z	R	R
Y	A	Y	I	L	J	T	R	K	A	G	U
R	L	B	F	G	A	B	C	T	R	L	C
R	Y	H	G	U	H	N	Y	E	C	J	E
O	X	L	U	R	L	T	C	B	Q	D	S
S	C	F	G	H	O	O	E	H	K	Q	N
A	S	W	G	V	Y	U	R	N	O	U	I
J	U	K	A	Y	J	T	N	T	E	L	C
D	I	S	G	U	S	T	E	D	C	D	Y
T	D	W	G	U	W	O	S	A	E	S	B
P	A	T	I	E	N	T	O	I	J	D	N

PUZZLE 84

FRIGHTENED   CRAZY

DISGUSTED   HURT

SORRY   INSECURE

GROUNDED   JOYFUL

PATIENT   MELANCHOLY

EMOTIONS

T	N	V	I	N	S	P	I	R	E	D	R
W	K	O	P	T	I	M	I	S	T	I	C
I	M	I	S	C	H	I	E	V	O	U	S
C	C	P	E	A	C	E	F	U	L	I	U
F	O	R	G	I	V	I	N	G	K	V	E
Y	K	E	R	P	F	O	J	F	M	M	N
W	L	I	V	E	L	Y	Q	Q	T	R	E
O	Z	C	N	S	A	K	R	Q	C	U	R
A	F	F	E	C	T	I	O	N	A	T	E
B	F	P	J	E	I	F	E	B	N	P	S
P	R	O	T	E	C	T	E	D	P	N	D
A	N	S	C	E	D	E	F	I	A	N	T

PUZZLE 85

MISCHIEVOUS   **OPTIMISTIC**
PROTECTED   **DEFIANT**
SERENE   **FORGIVING**
AFFECTIONATE   **INSPIRED**
LIVELY   **PEACEFUL**

INVENTIONS

O	H	E	B	R	V	P	X	T	I	S	D
T	P	N	P	B	G	N	A	S	M	M	L
E	E	A	M	X	R	L	Z	Z	T	I	I
L	N	L	G	U	H	A	A	Q	R	C	G
E	I	P	E	J	D	R	D	E	L	R	H
V	C	R	W	P	E	N	T	I	L	O	T
I	I	I	Y	M	H	U	O	E	O	S	B
S	L	A	A	H	P	O	E	Q	W	C	U
I	L	C	M	M	I	H	N	O	Y	O	L
O	I	F	O	W	W	W	V	E	O	P	B
N	N	C	P	P	G	D	T	M	N	E	Q
S	V	O	G	X	M	A	Z	W	K	X	B

PUZZLE 86

TELEPHONE   TELEVISION

LIGHTBULB   RADIO

COMPUTER   MICROSCOPE

AIRPLANE   PENICILLIN

CAMERA   WHEEL

INVENTIONS

H	J	S	T	E	A	M	E	N	G	I	N	E	S
P	R	I	N	T	I	N	G	P	R	E	S	S	T
P	X	L	K	G	X	Q	D	F	N	J	Y	S	W
T	H	E	Z	A	I	Z	Q	Z	P	J	V	U	U
Y	Q	E	L	D	O	B	B	N	C	E	O	B	I
Y	B	C	E	E	H	C	R	K	C	L	H	M	H
A	I	Y	E	K	C	O	A	Z	E	B	F	A	P
X	C	I	A	W	N	T	T	R	A	S	U	R	A
G	Y	N	I	X	A	H	R	I	I	Y	H	I	R
M	C	T	P	V	O	S	X	I	N	P	L	N	G
C	L	A	W	G	Y	Q	F	R	C	Y	D	E	E
H	E	O	R	G	G	B	Q	Q	A	I	F	Q	L
G	R	O	B	O	T	Y	L	W	K	Y	T	T	E
R	E	F	R	I	G	E	R	A	T	O	R	Y	T

PUZZLE 87

ELECTRICITY	BICYCLE
CAR	X-RAY
PRINTING PRESS	ROBOT
STEAM ENGINE	SUBMARINE
TELEGRAPH	REFRIGERATOR

INVENTIONS

M	E	B	W	I	Q	T	A	Q	A	S	C	Z	B
L	N	A	W	O	C	W	N	I	X	G	Z	I	A
N	I	G	G	U	L	T	Y	N	U	N	D	P	W
O	H	P	C	T	O	T	G	T	T	U	G	P	Q
E	C	H	P	E	C	K	V	E	A	T	G	E	G
L	A	O	K	W	K	I	U	R	O	I	C	R	Z
E	M	N	U	E	F	R	H	N	B	S	F	F	Q
V	G	O	Y	A	X	K	I	E	M	N	N	I	H
A	N	G	M	S	P	E	C	T	A	C	L	E	S
T	I	R	O	L	B	X	L	G	E	T	U	C	S
O	H	A	D	K	T	N	L	Q	T	O	M	L	Y
R	S	P	O	K	G	S	Y	S	S	C	T	G	E
F	A	H	V	F	J	B	V	D	X	W	A	K	M
F	W	G	S	P	A	C	E	C	R	A	F	T	W

PUZZLE 88

INTERNET

SPACECRAFT

CLOCK

ELEVATOR

SPECTACLES

PHONOGRAPH

WASHING

MACHINE

STEAMBOAT

ATM

ZIPPER

INVENTIONS

K	G	U	P	B	K	D	H	I	Z	P	T
R	P	L	X	A	D	A	W	E	S	R	E
S	S	B	A	C	P	T	R	Y	S	O	N
B	O	C	C	S	A	E	H	H	A	T	I
H	I	L	I	O	S	K	R	M	P	A	C
F	W	P	A	S	N	E	S	Z	M	L	C
P	T	K	S	R	S	L	S	H	O	U	A
F	R	O	D	Y	P	O	G	D	C	C	V
L	A	A	I	E	P	A	R	V	O	L	S
V	D	I	R	L	G	I	N	S	P	A	H
V	A	C	L	B	E	U	T	E	Q	C	P
B	R	H	N	H	Z	T	A	L	L	I	H

PUZZLE 89

CALCULATOR	COMPASS
RADAR	PAPER
VACCINE	SCISSORS
SOLAR PANEL	GLASSES
	TOILET

INVENTIONS

W	D	B	H	A	I	R	D	R	Y	E	R
E	A	A	T	Z	X	M	Y	F	Q	H	V
P	T	L	P	E	C	I	M	G	J	Y	E
O	C	L	K	G	L	A	O	S	H	V	L
C	A	P	G	I	M	E	B	S	A	B	C
S	N	O	D	Y	E	Q	S	W	D	Y	R
O	O	I	U	T	U	T	O	C	R	P	O
H	P	N	T	R	P	R	A	E	O	J	A
T	E	T	A	V	C	I	T	L	Q	P	R
E	N	P	W	I	P	T	A	Q	K	C	E
T	E	E	M	E	A	A	L	N	X	I	I
S	R	N	A	B	W	A	P	M	O	L	E

PUZZLE 90

WALKIE-TALKIE   HAIRDRYER

MICROWAVE   STETHOSCOPE

BALLPOINT PEN   PIANO

CAN OPENER   TELESCOPE

BATTERY   VELCRO

CLOTHING

J	K	D	S	U	D	R	O	A	T	V	C
G	J	R	Z	H	B	S	H	O	R	T	S
K	S	E	B	A	I	R	S	C	I	Y	H
U	U	S	K	T	D	R	Q	O	K	M	K
X	A	S	A	Q	W	U	T	A	S	J	H
O	X	P	C	S	S	S	Z	T	N	L	S
S	D	L	R	T	H	X	K	S	X	E	F
V	Q	B	N	L	B	O	K	O	V	V	I
T	K	A	W	W	R	C	E	O	B	L	Q
D	P	G	S	F	O	B	L	S	M	U	V
U	C	N	A	S	B	G	T	M	T	T	A
V	M	F	C	Z	G	T	O	V	K	Q	P

PUZZLE 91

SHIRT	**SHOES**
PANTS	**HAT**
DRESS	**COAT**
SKIRT	**SHORTS**
SOCKS	**GLOVES**

CLOTHING

V	A	P	S	R	Z	G	I	P	U	N	B
Z	L	A	N	E	C	S	L	S	C	G	Y
V	R	C	A	I	F	R	T	I	B	L	R
K	G	R	E	D	N	V	N	D	O	S	E
Z	X	T	J	O	U	Y	T	Z	O	C	T
B	F	W	X	O	J	Y	L	R	T	A	A
M	Y	O	Z	H	A	G	E	W	S	R	E
I	R	Z	H	K	C	J	B	T	R	F	W
E	M	U	J	G	K	D	Z	E	Y	P	S
I	W	H	O	T	E	D	E	W	P	V	F
T	W	Y	J	D	T	R	G	Z	P	R	N
Q	A	P	B	L	A	Z	E	R	O	P	G

PUZZLE 92

SCARF	BOOTS
SWEATER	CAP
TIE	JEANS
BELT	BLAZER
JACKET	HOODIE

CLOTHING

S	D	W	V	J	S	A	N	D	A	L	S
K	U	N	S	I	P	T	I	G	H	T	S
P	N	N	F	W	G	N	G	V	I	A	T
Y	K	F	G	L	I	Y	K	E	K	J	A
J	U	B	M	L	I	M	G	S	X	L	O
K	N	O	I	U	A	P	S	T	G	W	C
Q	N	G	S	B	B	S	F	U	G	N	N
Z	N	U	M	V	M	K	S	L	I	O	I
K	T	S	H	I	R	T	Y	E	O	T	A
P	A	J	A	M	A	S	W	X	S	P	R
D	G	P	O	V	E	R	A	L	L	S	S
Y	X	T	Q	R	H	O	C	E	E	L	Y

PUZZLE 93

SANDALS **FLIP-FLOPS**

RAINCOAT **VEST**

PAJAMAS **OVERALLS**

SWIMSUIT **SUNGLASSES**

T-SHIRT **TIGHTS**

CLOTHING

K	L	I	C	B	O	W	T	I	E	O	O
H	V	Z	E	H	W	A	H	S	N	S	T
W	L	X	B	O	V	G	X	U	A	K	M
R	U	R	Q	V	H	X	Y	G	G	C	L
T	A	N	K	T	O	P	D	W	I	E	E
B	B	A	N	D	A	N	A	P	D	N	G
H	E	A	D	B	A	N	D	P	R	E	G
W	A	I	S	T	C	O	A	T	A	L	I
T	R	A	C	K	S	U	I	T	C	T	N
C	Y	C	H	F	A	I	O	D	Z	R	G
M	S	L	M	I	T	T	E	N	S	U	S
D	P	H	Y	A	P	Y	H	X	M	T	P

PUZZLE 94

TANK TOP	TRACKSUIT
BOW TIE	WAISTCOAT
HEADBAND	BANDANA
MITTENS	CARDIGAN
TURTLENECK	LEGGINGS

CLOTHING

P	O	V	E	R	C	O	A	T	O	L	T
B	E	W	S	Z	A	J	B	T	F	A	T
B	R	A	Z	N	F	Y	A	L	O	C	R
K	O	E	C	G	E	H	C	C	N	E	H
V	P	W	Z	O	R	A	H	L	S	F	A
I	C	O	L	E	A	C	K	U	C	I	N
S	K	S	T	E	N	T	O	E	U	Z	D
O	J	A	R	E	R	L	B	Z	R	V	B
R	O	Y	R	F	B	H	S	A	M	S	A
B	W	T	A	K	B	I	A	L	P	E	G
E	T	K	E	P	R	B	V	T	L	G	D
T	R	A	I	N	E	R	S	L	J	G	R

PUZZLE 95

SNEAKERS   BOATER HAT

VISOR   HANDBAG

BLOUSE   BOWLER HAT

PEACOAT   TRENCH COAT

OVERCOAT   TRAINERS

HOLIDAYS

T	B	X	R	B	C	F	Z	W	K	E	C
Y	H	I	L	O	G	H	O	X	C	C	I
V	C	A	R	D	D	P	D	S	I	N	N
H	A	H	N	T	S	R	G	M	R	E	C
R	A	L	R	K	H	P	F	Q	T	D	O
A	D	L	E	I	S	D	M	P	A	N	D
E	R	E	L	N	S	G	A	O	P	E	E
Y	W	D	A	O	T	T	I	Y	T	P	M
W	A	T	S	S	W	I	M	V	S	E	A
E	O	Y	F	L	T	E	N	A	I	D	Y
N	Q	U	X	X	V	E	E	E	S	N	O
E	Z	O	M	F	D	J	R	N	B	I	G

PUZZLE 96

CHRISTMAS	**INDEPENDENCE**
HALLOWEEN	**BIRTHDAY**
VALENTINE	**NEW YEAR**
EASTER	**CINCO DE MAYO**
THANKSGIVING	**ST. PATRICK**

HOLIDAYS

S	Y	H	G	R	O	U	N	D	H	O	G
K	D	M	L	V	H	O	L	B	Q	R	W
Y	H	O	F	B	D	H	E	Z	O	Y	A
V	E	T	E	R	A	N	S	D	F	Z	M
D	S	H	D	J	H	G	P	S	H	T	P
E	L	E	L	C	O	L	U	M	B	U	S
G	A	R	F	V	F	A	T	H	E	R	S
V	B	S	E	A	R	T	H	O	P	W	D
V	O	U	R	R	A	S	K	Q	I	P	B
D	R	P	R	E	S	I	D	E	N	T	S
I	L	M	E	M	O	R	I	A	L	I	K
S	B	S	M	R	S	A	Q	S	I	X	Y

PUZZLE 97

MOTHER'S
FATHER'S
LABOR
PRESIDENTS'
MEMORIAL

VETERANS'
EARTH
COLUMBUS
GROUNDHOG

HOLIDAYS

R	G	U	E	L	I	Z	V	P	Q	W	H	X	R
O	D	C	N	S	L	C	I	C	Y	L	E	A	W
B	R	A	M	A	D	A	N	X	E	E	E	U	O
R	U	V	M	I	U	G	T	I	M	Y	C	S	M
A	C	P	E	I	A	C	E	F	W	V	P	E	E
P	H	L	L	L	S	S	R	E	A	E	L	C	N
A	A	Q	F	W	A	B	N	M	D	P	N	R	S
D	N	B	T	J	C	E	A	H	I	I	E	O	L
R	U	I	X	V	S	I	T	J	W	P	U	F	K
P	K	J	E	E	P	U	I	U	A	H	S	D	K
A	K	B	N	C	Y	I	O	M	L	A	J	E	A
Q	A	I	S	S	K	N	N	N	I	N	N	M	K
U	H	S	G	R	K	I	A	H	I	Y	V	R	Y
C	H	W	V	S	R	O	L	D	Q	R	Z	A	E

PUZZLE 98

EPIPHANY　　**ARBOR**

HANUKKAH　　**ARMED FORCES**

CHINESE NEW YEAR　　**FLAG**

DIWALI　　**WOMEN'S**

RAMADAN　　**INTERNATIONAL**

HOLIDAYS

V	T	E	J	O	E	D	M	C	C	P	D
B	A	S	T	I	L	L	E	D	A	Y	M
V	W	O	T	R	K	J	F	O	E	Z	A
B	T	C	A	N	A	D	A	D	A	Y	R
E	O	S	O	N	G	K	R	A	N	S	D
K	V	T	R	E	Q	L	E	N	T	H	I
O	K	T	O	B	E	R	F	E	S	T	G
K	O	T	O	T	U	N	W	P	C	G	R
B	Q	M	K	Y	U	H	L	Q	Q	R	A
K	T	U	G	U	Y	F	A	W	K	E	S
A	B	O	X	I	N	G	S	E	T	T	Z
N	Q	G	C	A	R	N	I	V	A	L	E

PUZZLE 99

BOXING

CARNIVAL

MARDI GRAS

LENT

OKTOBERFEST

CANADA DAY

BASTILLE DAY

SONGKRAN

GUY FAWKES

HOLIDAYS

C	C	D	A	Y	O	F	T	H	E	D	E	A	D
Z	A	N	Z	A	C	D	A	Y	C	I	E	I	O
N	G	B	O	N	F	I	R	E	A	V	I	R	M
V	X	X	A	I	V	T	B	S	O	V	D	G	Y
G	I	V	I	N	G	T	U	E	S	D	A	Y	T
B	P	L	F	P	E	Y	L	Q	B	S	L	C	U
M	H	V	T	T	D	L	M	A	P	A	F	S	X
J	B	H	C	G	I	S	R	K	L	M	I	H	X
J	O	S	G	T	V	W	R	M	L	H	T	U	Y
B	X	J	S	G	O	G	V	B	V	A	R	E	A
V	Z	A	P	O	N	G	A	L	H	I	P	F	D
X	B	H	A	N	A	M	I	E	U	N	X	B	U
W	I	N	T	E	R	S	O	L	S	T	I	C	E
B	C	X	K	Y	G	W	Z	D	F	S	K	S	C

PUZZLE 100

ANZAC DAY   **PONGAL**

DAY OF THE DEAD   **SAMHAIN**

HANAMI   **GIVING TUESDAY**

BASTILLE   **WINTER SOLSTICE**

BONFIRE   **EID AL-FITR**

SOLUTIONS

PUZZLE 1
PUZZLE 2
PUZZLE 3
PUZZLE 4
PUZZLE 5
PUZZLE 6

PUZZLE 1

```
A T P L J U R Y R X W W
E R Y E R A H H O F T O
W U N I Z V N W T E Z E
C C B W E R T H O J E C
B K S I B N E M Z C A
K O D F G U R E U Y H R
V S D E Y P E N S A
F P A O K X C A R V A C
C E O X Q E N G I N E Z
K E R P E R X R Y V T C
O D T N G W P X L J O T
E H O U P Q X Y W D S V
```

PUZZLE 2

```
W Q C S T E E R I N G B
U Q T U F U E L H C N O
L O S S L O W E L J Q I D
Q U B L U E T J B A X N
R A C I N G A A I P H G
Z A Q M E L R R B P K T
Z S S N U E A N X F P
J X X D A L E Z K Z Q
K L Y S M N E G A B A W
B R A K E G C C J H S Q
X U P I H I C H J W T U
I K F P W S A K C F J A
```

PUZZLE 3

```
H O R N Y F C H D Z K T
C R I M R U Q E Q W D E
O E W W N E G A Y W E S
L V S I Q A J D T G U
W E A R N K S L Q L Y U
G R G F Q D M I E E S R
C M M D H S G X B K C
L E D L I W E L Y T R R
V U R L I R J T A A C
I L H O G Q R V M X
G X N V J E C O V S Y
E N K U A E Z Z R B T D
```

PUZZLE 4

```
P X E W P N I T B A Y K
Z Q X T C B T A R D E H
W C H L W N U I E I D K
Y F A V O D K L P P V H
O R U T I K L M B S S
K J E A A P I U X I E
C I T P S O O G B A S Q
P T S Y Q B T H S C S I
I R K E B H S T V Y A P
G A T K W S E L X J H Q
J I R B A P A Q X C P
U S H W C D D T W K W T
```

PUZZLE 5

```
Z T B N Q E L F M N R W
D A X C B Z L B V O E P
C E O K R N L B I T S
B H W O B A C J P S C U
S O L B D O C Q S M Y
B M C A Q I U E Y I O P
A E J N U A P T M D F
L T R T C A T X N S E U
T E V R P O Q L O N E W
E R L I I R O E D A P V
R C A M S H A F T R S B
Y U I W O D O M E T E R
```

PUZZLE 6

```
C V D T K E Y B O A R D
O V Q E C E I G D S U G
M A L L K K S L M C O M
P D Q B O N X P C R N K
U X T A B M H A E O R
T L E T N N R O M E J J
E F M H T P Q N E N K O
R A N E M X E R F V O
Y C I P R K U Q A X K X
A V L D N C U K W R U R
X L S X E R C R O B O T
W E Q L T V M O U S E S
```

SOLUTIONS

PUZZLE 7

N	C	D	K	Q	I	Y	J	M	A	J	P
J	G	R	V	N	E	T	W	O	R	K	I
W	F	O	T	M	B	R	J	W	Y	J	X
I	R	W	F	J	R	Z	A	N	P	X	E
F	C	S	F	L	I	R	R	R	G	K	L
I	R	S	C	O	D	E	G	B	A	L	A
S	E	A	S	V	W	E	B	S	I	T	E
C	S	P	O	J	Y	E	P	F	E	M	T
R	W	V	C	V	P	I	L	S	A	U	I
D	O	K	I	D	P	Z	F	G	J	L	X
Q	R	J	A	B	P	T	C	Y	N	K	R
G	B	P	L	Y	A	W	B	V	E	G	Y

PUZZLE 8

U	U	P	L	O	A	D	E	V	I	C	E
Y	D	O	W	N	L	O	A	D	A	B	D
G	K	A	E	N	P	N	I	Q	K	Z	I
S	O	F	T	W	A	R	E	X	A	E	G
M	R	D	A	C	O	W	F	H	R	S	I
L	S	U	S	P	G	U	O	A	R	B	T
Y	E	J	M	T	H	P	W	E	U	H	A
R	A	Z	Q	L	O	D	R	H	G	H	L
O	R	R	Z	S	R	R	J	I	I	B	D
M	C	S	Z	A	A	R	A	W	N	R	X
E	H	I	H	D	H	S	W	G	H	T	Y
M	U	O	O	V	R	L	B	I	E	E	O

PUZZLE 9

C	L	L	A	N	K	N	N	G	C	B	E
I	Q	A	P	S	O	I	E	P	A	X	N
R	B	P	Y	A	A	V	E	A	T	D	O
C	N	T	Y	F	Y	D	R	I	N	X	H
U	Q	O	M	V	K	X	C	H	E	E	P
I	Z	P	R	R	L	V	S	C	V	Z	T
T	S	L	I	O	Q	R	H	E	N	D	R
Z	W	A	M	G	Z	P	C	T	I	R	A
N	T	R	I	F	F	S	U	C	I	O	M
H	F	V	G	Y	H	P	O	O	L	N	S
X	A	L	M	L	S	J	T	Q	H	E	Z
Y	H	C	G	A	D	G	E	T	V	R	A

PUZZLE 10

G	J	R	P	A	F	C	L	B	E	I	T
V	A	E	A	T	Z	Z	B	I	L	B	L
I	B	A	Q	A	H	C	L	A	E	P	H
Q	Z	L	Q	D	O	M	U	M	C	E	N
R	Z	I	T	Q	K	T	W	A	T	C	P
O	Z	T	X	Q	R	A	U	R	R	A	O
S	D	Y	G	I	P	X	H	G	O	F	W
N	F	V	V	U	J	Y	L	O	N	R	E
E	L	U	C	X	W	P	C	R	I	E	R
S	U	V	X	D	L	G	X	P	C	T	B
S	T	R	E	A	M	I	N	G	A	N	H
W	I	W	U	S	T	R	E	A	M	I	V

PUZZLE 11

C	A	V	L	I	F	Y	X	M	Z	V	Y
A	E	X	Q	B	C	B	H	A	Q	Y	A
R	R	D	T	A	H	E	W	K	N	L	T
R	W	A	I	N	E	N	C	R	L	P	S
O	G	S	M	A	E	R	M	R	J	P	A
T	D	V	T	N	S	N	S	X	E	T	P
J	S	E	D	A	E	H	L	H	D	A	Z
L	R	L	C	O	O	K	I	E	T	E	M
Z	A	Y	I	B	P	I	Z	Z	A	L	W
I	M	B	R	E	A	D	G	K	P	P	N
F	Y	Q	E	R	I	J	D	T	L	P	B
N	Z	G	R	A	P	E	L	M	D	A	C

PUZZLE 12

O	O	W	V	W	D	W	K	N	N	Z	L
K	S	B	A	L	A	T	Z	S	R	G	Q
I	T	B	E	T	M	A	W	B	O	L	E
G	R	W	T	L	E	J	H	W	C	Z	G
B	A	Q	A	P	O	R	A	B	P	G	N
R	W	H	L	O	V	O	M	T	O	U	A
O	B	C	O	T	D	T	B	E	P	X	R
C	E	A	C	A	A	A	U	D	L	S	O
C	R	E	O	T	L	M	R	W	C	O	F
O	R	P	H	O	N	O	G	I	T	W	N
L	Y	W	C	E	U	T	E	A	I	A	T
I	B	L	L	O	N	W	R	G	R	B	F

SOLUTIONS

PUZZLE 13 PUZZLE 14 PUZZLE 15 PUZZLE 16 PUZZLE 17 PUZZLE 18

SOLUTIONS

PUZZLE19
PUZZLE20
PUZZLE21
PUZZLE22
PUZZLE23
PUZZLE24

Puzzle 19

```
H T E L E S C O P E V T
S P A C E C R A F T L V
G J A T M O S P H E R E
A G O H K S A N B I D M
L G P Z R S Y D S F T M
A N P A M H G Z E L E A
C B S U O M O D B S A R
T B M T R C W Y O G R
I N T E R S T E L L A R
C O F X A F Y K G N Y
A S T R O L O G Y Z X W
A S Q P L A N E T A R Y
```

Puzzle 20

```
C T L U N A R K M O D U L E
M O A S T R O B I O L O G Y
A I N T E R G A L A C T I C
K S Z S Z C Z A U S R U N H
C L T X T W O W U E V O D
X O I R W E A S L W I T L L
J O D T O W I A M I Y T P G
E D H K N P G A O F L U I
C W H B Z R R A E N W Y L
L K Q O A L O Y B T N A P R
E X T T L Q G S D I Z A
E S B I D Y M T I R O S
Q W X Y K V S M P C M N
E N L J P X B K S F A S I Z
```

Puzzle 21

```
O R U D D P H X U I U A
N S C Z C R E T M O I W
N M T W C L E N P B B C
E I O G V E J G P X Y
J A N N L H P V U O U
N L X A K R P V I T L F
T L R V G E Z F A A N
K E J S G B Y W I R N I
G R G A E J E C B O U T
X O B E M P D E K Q N X
E G C U R U Z O Y R W T
C K A N G A R O O O V Y
```

Puzzle 22

```
I E B B O M J V A H X Z
L K O A L A V X C A A I
E P M D Y D C I J W E H
M A K B W D A R U X X U
A N T U O T O T S Z Z O
C T M L S I C J U E N L
V H O O A F O Y B I A R
Q E T B Q M D V H F X L
Z R T O G D R S D L D
I C E U H I L N D F N V
X C R V W R E Y C Z S L
G P A N D A O S L O G O
```

Puzzle 23

```
T A J Z T S N A K E G I
P G K B M O R E F N U N
A E W L H D R Z R O N H
R X A E A I N B B B E
R L L M T N A H O B U C
O I L U L A I G H N
T J A R E D U D A G S
U K B P H R G G P Q D E
U R Y I C A N Q J Y B K
S T C W N Z A Z B Y E A
Z R M J L R H M V A I
V R B C U L O M E K R Y
```

Puzzle 24

```
X X T R T B E O A L U N
H E D G E H O G N A L R
A Z C E J M T P E R J Z
T T E H A P R Y R R J
L O U F K P E I H U C V
O K F Q C P R B A
W B L M T S M A A Z E
E L C M N L A T U K A A
M O N M S D E B G O R C
X Q K P V C N A A Q U O
D P K R B I U E U K S C
C I S L O T H J G B N K
```

SOLUTIONS

PUZZLE 25

C	F	I	L	E	M	M	I	N	G	A	S
K	A	R	S	W	W	O	R	X	J	O	T
G	Q	U	O	K	K	A	H	R	C	R	O
M	A	V	Q	P	K	I	W	I	E	I	M
O	N	H	C	P	B	T	R	Y	N	R	A
L	A	I	M	P	A	A	N	N	I	I	M
U	X	H	K	G	Q	D	V	L	G	M	?
P	G	F	D	O	T	J	U	I	F	I	F
A	I	O	U	W	K	P	V	B	M	J	?
K	O	C	W	M	F	I	L	M	X	Z	L
O	L	Z	E	R	W	A	J	B	O	E	X
J	A	G	U	A	R	U	N	D	I	W	H

PUZZLE 26

R	A	S	T	J	N	E	P	P	S	S	C
R	E	H	L	E	X	N	P	Q	Y	O	Y
S	D	S	L	X	I	S	D	J	F	C	C
W	C	Y	A	E	F	N	Q	Y	W	C	L
I	G	H	B	K	W	I	I	D	Z	E	I
M	M	K	L	U	H	Z	K	S	A	R	N
M	B	A	S	K	E	T	B	A	L	L	G
I	W	G	A	H	O	C	K	E	Y	O	A
N	I	R	B	E	Q	D	E	V	K	I	R
G	Q	C	O	L	F	T	C	R	B	O	O
K	R	V	O	L	L	E	Y	B	A	L	L
V	G	Y	M	N	A	S	T	I	C	S	E

PUZZLE 27

C	R	I	C	K	E	T	C	B	S	L	L	T
J	Q	L	N	U	Z	R	W	N	K	G	R	E
L	T	T	F	I	T	V	E	X	A	T	E	H
L	A	R	C	H	E	R	Y	H	T	H	V	N
A	N	M	M	K	P	R	S	M	L	Y	V	W
B	O	W	Q	F	E	C	X	D	B	B	G	R
T	R	U	N	N	I	N	G	O	G	N	E	U
O	N	Q	A	P	X	U	S	H	A	U	I	S
Q	I	C	K	K	X	E	W	H	R	R	X	T
F	M	Q	H	A	C	W	K	D	D	E	O	L
P	D	K	S	J	S	V	W	Z	I	Y	B	I
T	A	B	L	E	T	E	N	N	I	S	E	N
N	B	F	D	W	R	O	C	W	G	Z	I	G

PUZZLE 28

S	S	I	R	Q	M	R	U	B	T	L	K
Z	H	C	O	Q	Y	O	U	L	J	S	U
X	Y	O	F	E	E	D	B	Q	E	E	R
N	E	J	W	G	S	L	T	V	I	F	F
N	T	L	G	B	S	K	D	X	C	H	I
J	A	R	N	V	P	P	A	U	N	V	N
U	R	I	I	I	F	R	A	E	T	O	G
D	A	T	I	B	C	P	R	X	I	M	I
O	K	W	K	K	A	P	J	D	J	N	N
W	F	C	S	S	L	P	K	W	I	N	G
T	R	A	M	P	O	L	I	N	I	N	G
F	I	E	L	D	H	O	C	K	E	Y	G

PUZZLE 29

E	N	E	T	B	A	L	L	D	N	M	G
C	J	D	Y	T	C	M	V	D	L	N	A
O	Y	G	Z	C	Y	R	J	U	I	B	U
L	Z	Q	I	M	A	Y	I	D	L	F	C
O	H	G	L	K	H	N	A	C	X	Y	D
P	J	N	K	A	J	E	O	Q	K	F	C
R	A	I	X	A	L	T	W	E	X	E	A
E	L	C	K	R	J	K	O	S	X	M	T
T	F	N	E	K	A	Y	A	K	I	N	G
A	L	I	D	A	N	C	I	N	G	N	G
W	H	T	W	V	Y	F	E	A	Q	G	V
C	R	A	C	Q	U	E	T	B	A	L	L

PUZZLE 30

Y	K	B	T	R	I	A	T	H	L	O	N
K	V	K	G	J	N	C	C	Z	B	C	E
S	K	U	N	Y	D	B	R	A	Z	M	G
X	M	F	L	B	O	J	Y	O	F	N	X
R	O	C	K	C	L	I	M	B	I	N	G
S	Q	U	A	S	H	W	E	I	S	G	V
K	H	T	F	B	Y	Q	I	Z	F	V	N
U	Q	X	C	J	I	D	P	A	Y	G	Y
M	A	R	T	I	A	L	A	R	T	S	I
W	A	K	E	B	O	A	R	D	I	N	G
K	I	M	S	A	I	L	I	N	G	S	N
P	Z	R	C	Z	L	R	W	Z	S	C	D

SOLUTIONS

```
G I P H O E N I X X M U
K Q C C W S D P O K X I
E A X A W E R E W O L F
T G R I F F I N R E P P
O V K R K R U D E L X
G Q B Y I Q A X I M G O
C F L F C T D D A Q A H
E Z J I N O T R M N S J
E U N E I U J A R G U X
T U C D H E R G E M S D
W K U E A C V O M G K O
B H B Z K P T N T N V J
```

```
J V M P E H C K L X J F
O E E Z N V D N N L I Q
O E D J D Q L S E H T J
A H U P F K P R R O E R
R S S C A O D M I Z Y U
E N A R L U H Y S N U Q
M A K C M I N O T A U R
I B Y P B X Q R K N Y J
H C A O H C B S A T Y R
C Y C U E L H B T C X Q
C O G M X I J Z Z C C S
T H A R P Y L G B F T R
```

```
M K I T S U N E V K U I
N T H U N D E R B I R D
N P V R U Y L Q D X P
K S N V I E L S Y J U M
X D W H Q G F J I R Z
G G V P O T F A N U H
O D C M G N E O N O Y
B A V S A M L H O E T D
L W S V K Y F V H T O R
I C E R B E R U S Y Z A
N J C A X I B M U Q D N
E X L E P R E C H A U N
```

```
D O S Y D V H U M V F B
I J U C G R J N A I A D
K B P E Y G O R G O N A
S W M V X K C F G T W O
Z A Y G G D R A S I L
L S C V A L K Y R I E S
I G O S G C W Y Y Z D Z
S O P W Y V E R N X U Y
A H P L U I K M J I N N
B H I S K Q B U Y Y P Y
D Z H O B G O B L I N E
S O S P R I T E S Y U Z
```

```
N C L S E L K I E Z M Z
S L E I P N I R X D X A
J F V V O K K F S O A B
V Y A W K C R E S F P N
M A N T I C O R E S O
V Z N A G A B U Q T P H
S P R I G G A N E N O P
F I R E B I R D U L Y
Y O F B Q F N H G C R
R K G C X L C M R Y G
L T X Q A E D R A X C U
U U M F O G L E H Z G F
```

```
I I B H D L L Q T S V E
S Z M P D L G O M U G G
N O C L O U D N P P N K
O K H A I L I H C X P K
W Y U T Z E N Z O R C S
E S T O R M T G R P H O
A X W A O H P E Q U E
M F I U U A G Z D Y G D
C S N O H W B N R W S
G W D R D D L N U N K S
S V R J U F E C H R A G
Y S O F C O G M T O E K
```

SOLUTIONS

PUZZLE 37

```
Y D H R A I N B O W S T
D M H P W I S X C J K N
U S O U Y C P U I J S I
O L S N R Y F Z N G I P
L E L B S R G D S I D D
C E W J Q O U G W Y R
R T I P U Y O C K F P A
Q V T I C C Z N A N F Z
W D R I Z Z L E T N I V
M I S T T T S B B P V E
Z J L H T E K W Y V Z L
N Q S W T O R N A D O B
```

PUZZLE 38

```
A M L D P J J S Q Z G P
G P G U S T L W Q L U I
G L B O J I U M G T G R
D U A M Y T U C N O D W Y
P F P H A S D Y I H S Y
W W X V Y A I D Z Z S S
O D V N K C A N E Z Y N
K L K A C R R I E M C O
P O W Y M E C W R U J V
E C U R A V R O F Y R Y
N P A G K O T I R L M H
H W I H C S X F D C Y W
```

PUZZLE 39

```
F N M U G G Y C L E A R
O T I F T U Z T H A Z Y
H R B V X M X O B X R Z
W R O R O K Y L S X A Y
Q B X U F O C H I L L Y
I E P V G E D N K H D W
M D L S I H Z F Z Z O Y
N B U E V W T E R L Y Y
R K V Y R A X J T O S U
Q H U M I D O M H B S C
E P S I Z Z L I N G J T
G D K I Z J H C Z R L Y
```

PUZZLE 40

```
H F Q O F V N I M B U S
A Y A X P L H D X X W G
E C I R R U S J D X B O
M S T Y P H O O N B R S
L S P R I N K L E E U T
A T A X C E W B T T T M
C S R J L U E A Y B C
I E E A U H R A X Q A
P G Y O O T U N Q X C
O M K T R S P M L P B P
R E O A P N D O Y U Q T
T B C X W D Y A K S G
```

PUZZLE 41

```
L J S A Q S Q H M J O V
I H A I R Q D T K N H N
R O Y A D T D E R Y R W
V L B N C R E S B B E
N S X T Y H T B D W Y
M F P N Y L E T A E R E
G O S F K X E N I A R
L B U Q L H X Q M E L
C C C T G S N T Z H D
X S W O H Y C G W Y O
A R S E M Q S C U J U N
U I Y B O J L G N E J J
```

PUZZLE 42

```
M D A P T R C K O Z D N
S W K A A R U K S K N W
L D T X I A C G H I A O
D B X T G L S K O J H
T A S N N Y S W U Y A I
S O U W M W O C L L K N
E L H C G B L L D A H G
H T K D L X G F E I E
C M T E A N T I R R A R
I A B O B N J P X A R M
S T H U M B I Y O V Q
V O S I I M L Q R G O S
```

SOLUTIONS

PUZZLE 43   PUZZLE 45   PUZZLE 47   PUZZLE 44   PUZZLE 46   PUZZLE 48

PUZZLE 43

```
W Z S Z C Y Q S O T D F
L W H A F B L B A C K M
E X T I T F P O E Y X O
L C N I P G L Q H J Z E
K C Q E I M R D Z M W A
N Z S P E Z X X C Z O H
A P S T H Z R U O B E U
Y M B P O Y A T T I Y M
J L J I I M C I I L X E
W F O O T N A T P L L C
K V N J W X E G B Y H E
R Y U S L E G L H O T E
```

PUZZLE 44

```
A V C A L F E V Z V W S
T H I J Q Z F G J Q A T
M T K Z R S K I N Y I H
N K V H G X O K D K S I
B U T T O C K S V P T G
T B T X E L O U V B T H
Q W H Q L W Z R O S U B
T G A J C P Q F K S V
M V F N S A G R N B K Z
X M D C U L W O N A I L
I L X K M M X R J A H M
N I W U K F V O J C O K
```

PUZZLE 45

```
T R H U Q X D I M P L E
I J L Z E F N L J A Z X
P S A K L O J A M I H T
M Z Y E P R T S T H N A
R L H E M E G H U B S R
A C H E H S Z C H H W
J R W C T E Z M K C E F
C T A Q A A W Z U F C R
M J I S D B R O W I U
B Q A D A M S A P P L E
H N T S Q G D A S U Q C
U C W A M Y W X Q R U E
```

PUZZLE 46

```
P E O N Y I B T F E T R
Q Y B R L P A N S Y C I
N L H E U P X L G D G J
K I M W P O P P Y I Q K
L L D O A I R I S H L X
S O S L Q H G T Z C U L
P W P H E D A M R G F
M M N P M O O D O T L
K S U F U K L S N S K
L U I S Y Z O G S E F G
U Y J M E R K D A I S Y
C F T O N Y I B K V C
```

PUZZLE 47

```
N G A B N F S U V Q M J
R S C A C T U S F U O Q
M O N F S W E E T P E A
A H D A H V S F J T E K
R I E P P D N O K G X Z
I B T V J D H I N E S W
G U T V P R A Y M L L
O S N H Y S C X L J J
L C I S Y D A V G F P V
D U A Z P Z X P O Q G
E S J I C K J L P D N B
U C A R N A T I O N V E
```

PUZZLE 48

```
G E T A L Q J M S W K E
I F C A S R E C Z L E S
U A D W G T F G I K J O
C C A F N E E P X X C R
J U F D A E R R A S P M
W T T B L W U L T O T I
A O O F U C H S S A P R
I L D V K J P T W L G D
N V I O Z U V O A N Y A
U L F V Z S S N Q A K
I D P Z Z E M E U D W A
Z M D A H L I A S F C W
```

SOLUTIONS

PUZZLE 49

M	E	M	Y	K	A	X	P	I	G	V	G
F	O	F	W	Q	I	B	A	M	B	O	O
G	P	R	J	L	U	L	Z	A	A	P	Q
P	X	M	N	O	A	K	S	T	B	N	B
U	F	L	P	I	O	T	O	T	S	P	B
C	B	L	R	N	G	J	S	I	I	I	E
R	E	R	A	V	C	G	U	P	M	N	E
E	L	A	L	B	J	A	G	C	X	E	R
T	P	R	M	O	F	X	D	L	K	S	N
T	A	V	W	I	L	L	O	W	O	J	T
U	M	S	Z	G	R	I	V	Y	N	R	Q
B	N	E	U	I	J	Y	B	J	H	A	Y

PUZZLE 50

E	U	M	V	E	L	I	S	A	G	E	J
L	K	B	Q	K	H	S	O	T	F	U	R
I	N	C	O	R	N	F	L	O	W	E	R
M	N	C	G	R	B	B	I	W	M	O	I
O	U	M	M	U	E	R	I	M	C	E	A
M	K	N	Y	S	D	O	R	I	U	M	R
A	L	U	H	K	N	S	C	B	T	U	S
H	B	F	T	V	E	E	H	A	L	E	I
C	L	F	N	V	M	C	S	X	J	J	J
J	M	I	N	T	A	A	V	I	G	D	Y
B	Y	K	W	Z	L	R	M	L	B	P	P
W	T	A	P	I	P	Y	A	P	H	C	J

PUZZLE 51

V	E	D	O	C	T	O	R	A	R	Y	P	N
E	T	E	A	C	H	E	R	E	T	Q	A	A
T	Y	J	I	T	N	G	R	T	K	G	P	J
E	Q	U	D	G	L	T	P	H	N	L	J	L
R	R	J	K	X	E	U	Y	G	N	R	T	T
I	E	V	Q	S	I	A	G	I	Y	E	O	E
N	M	S	R	P	M	N	T	F	G	E	L	L
A	O	U	Z	O	Z	O	H	E	C	N	I	L
R	N	D	J	L	C	R	H	R	T	I	D	T
I	V	F	Q	I	H	T	O	I	Y	G	E	E
A	F	F	Y	C	E	S	O	F	U	N	T	T
N	T	M	C	E	F	A	U	B	S	E	H	H

PUZZLE 52

N	K	L	A	W	Y	E	R	M	X	N	T
A	O	I	V	E	R	P	N	J	B	E	S
I	R	S	O	B	E	X	D	D	O	X	I
C	Y	D	D	U	M	A	R	T	I	S	T
I	D	S	G	C	U	J	O	B	P	N	N
S	P	A	F	K	A	N	X	A	E	K	E
U	E	S	N	E	T	E	A	T	M	B	I
M	C	A	P	C	I	O	E	L	E	Q	C
H	W	K	Z	J	E	L	N	Y	I	P	S
W	N	F	E	R	H	R	I	I	R	S	I
X	W	R	I	T	E	R	Z	R	V	E	T
H	G	F	A	R	K	A	C	T	O	R	N

PUZZLE 53

E	M	P	L	U	M	B	E	R	U	R	N
S	G	A	Q	I	E	N	P	J	E	G	A
D	A	T	H	Y	Z	M	K	N	D	I	T
N	R	F	W	L	I	M	N	L	C	E	R
B	D	E	B	D	C	A	N	P	N	A	A
N	E	Q	J	R	B	A	N	C	V	T	T
C	N	F	L	X	C	A	R	O	H	I	B
G	E	C	A	S	H	I	E	R	I	S	S
E	R	R	A	C	K	C	F	M	I	T	L
D	Z	Q	E	M	S	A	G	K	P	E	W
I	R	M	R	G	W	A	I	T	E	R	R
L	E	Z	A	R	C	H	I	T	E	C	T

PUZZLE 54

E	N	R	A	S	S	O	L	D	I	E	R
L	T	I	F	O	L	P	Y	H	K	L	R
E	O	E	M	C	W	J	N	E	H	N	E
C	L	G	W	I	Y	E	A	P	B	M	E
T	I	D	D	A	S	C	A	H	E	T	N
R	P	U	W	L	X	R	B	C	T	S	P
I	E	J	G	W	B	Z	D	A	F	P	G
C	J	E	W	O	M	N	H	O	T	K	N
I	O	U	T	R	E	B	L	C	G	M	E
A	E	Y	K	S	P	Y	M	V	O	N	N
N	H	O	H	E	J	D	N	O	D	M	C
P	X	S	U	R	G	M	Y	M	J	T	I

SOLUTIONS

PUZZLE 55

```
R K V J M Y S S N R P F
E V L Y K X C E R E F L
B U C K R G I C E S G M
R Z D E X E R P S R L I
A W K L C R N E E E E I
B A B Y S I T T E R T F
B A E O O M I A K D N E
S P Z Y Q S R Q R E G T
F L O R I S T Y Q I P U
Q X Z V L E F B Z A R A
W X D N O N A T U H A R
G D C U M N A F A I C D
```

PUZZLE 56

```
S S T U D E N T Q D K X
C S H C E X B U S T A E
S D U H S D O R I B M P
V M U A K H E R F G J O
D A T L S H Y F X N Q Y
E G K K C S I X E D R
X C L A S S R O O M L U
V I E V Y Q S Y S P I L
G Q E E V U K T Y A C E
D V Y E R A S E R P N R
V M D B D E R A V E R R
W F E K B O O K O R R R
```

PUZZLE 57

```
O T B A C K P A C K W T
G Q O W O L I B R A R Y
J G A N R A L O O I K D
R L X O O Z A E Y A T E
U R T T C S W R P D
V E E A X P T Q L D
U J K B L R J O A L K S
B K R O U E V S I Y V C
Q N A O C C H S H G O D
P A M K L E U I D U B N
B V Z Q A S B C I Z E Y
B C G U C S L S I Q C N
```

PUZZLE 58

```
G E O G R A P H Y I E X
Y R D T B A Y O Z C Z S
L D P G P B G E T G Q P
B I P M H G H J R H J E
E S C I E N C E I T S L
A I Q C H S N K E A U L
R M U S I C U L N M N I
T N W U R G L E D T X N
L I M G I W P O S M V G
C G F H I S T O R Y I B
K V X Q L W O S E I I I
O T B N T X P K V J E L
```

PUZZLE 59

```
R E P S R N A T Q U I Z
W D F H R G F C M L N H
P A X W E A G E U K Y U
S R O Q P N F X C Z K
C G E L O O S O K P S R
J L P L R I T R K Y C O
B J I E T N U N I Q W
U E K B E V Z R B V S E
O N H R S B X X Q U X M
A B A T E S T C B O C O
Z P R I N C I P A L R H
Z V A A C J Q T T L K D
```

PUZZLE 60

```
V R J A Y V I Y I S Z W
G G D F B R W N Q C N Y
N N M I A S C B Y H E A
I I X J C A F D E E A L
N D N M X T U N P D G P
R A Y Y X I Y T U V
A E Z G S I P O L L
E R T G M M F Q N I B
L W R I T I N G H A N E
M M P X J B B J M B R T
D C E R A L E T T E R Y
E F K B L Y I B B M B E
```

SOLUTIONS

PUZZLE 61

```
C X A F D K M Y X O T M
Y J Q E G B R O W N O T T
Q H R K A M Z W V P R T T
P I J J C G R E E N Q A Y
S X A A H U T M X O N G E
Y V F J J P I L W N S G E
O B V B B I O T H M L C C
A L T W R I N E L Y R E E
D U N K L Q A K Y W L X
G E P L E P U R P L E G
W W Y F A H G E I A B U
P T C F P O M T R D A M
```

PUZZLE 62

```
X I H O U U H Z W Y F X
J O T Y N X C R F V J C
T F D C R Y A E L A Q O
M L T W A Y E V S N B G
P M L R U A P L I G R O
Z F A I J R D I O D O D
K G Q E L G S S U H Y J
D C G Z E L I U Q R C L
O T U A S N M B R N G H
O E Z L B T T E U I P L
P A N Y I C R A T D L E
Y L U G O L D O D Y W G
```

PUZZLE 63

```
A J Q Z M J K I X Y L O
G S S B A A J G E B Z L
H R A X L T R R T U G I
X E L B E E K O A S Q V
G F M Y G L K M Q Q Y E
M C O R I O H T B N U D
M C N P E I P E A I P A
A C J N B V X X R N D B
R U U R B T J J I O S Q
U X H H L A V E N D E R
X K O J F N N X B G X Y
G N J C O R A L M I N T
```

PUZZLE 64

```
U I F I R N V F E H A J
R T E A M B E R E O S J
R Z L M W S K Y T B L U E
R A U C H Y A U R B P Y
W B Q X B L W I Y Y E X
F O I Y S O X T X A N K
C C C H A R T R E U S E
A V N D M A D R C B K Z
L B S U K R O S E B I N
I L K P V H J N G C V J O
L Z R L T K C R E A M R
E G V P G M A U V E X B
```

PUZZLE 65

```
E T X H C I N N A M O N
I V D Q C Y J X F I A O
I K C M V B E U Y E N L
O A T R L U G H A C N U
M U D O R T S V R S Q
M J O E N M K V S U A F
K V Q Z P E S O C I G Z
T O L P L U M O F I E S
X R E W K E G V N K F L
U Y P E R I W I N K L E
N V E R A J I U I W L J
G C S I W S N R U S T U
```

PUZZLE 66

```
W J X F L U T E F K B A
J Y H A R M O N I C A K
S A X O P H O N E J B O
W T U B K O F O K P L E
W R K K N Y N Z N M J O
C U H A K S O J P S R W
F M I R C P B Z L H M N
C X Y L O P H O N E A
M E I J D U V I O L I N
E T U K U L E L E D P A
E E Y F B Z R D R U M S
G U I T A R G D L C C W
```

SOLUTIONS

PUZZLE 67
PUZZLE 68
PUZZLE 69
PUZZLE 70
PUZZLE 71
PUZZLE 72

PUZZLE 73

```
F D C G R E E C E C K B
I I W W N C G X W U N S
A N N A U S T R A L I A
A R D L Q T N Z B H X R
A W G Q A E K A D C S X
A L C E N N C S H O A M
X M P U N E D W U L R S
S Q T S B T S N B O U Y
R C T N W A I X M D T
G K W D E V Q N A B N
I R E L A N D A A O R
B E L G I U M F C A H K
```

PUZZLE 74

```
M A U R I T I U S J O N
C I T D M A L T A N N
E N A A D Z P O W A A
K A A A V R P B R L T
V M M N G F M S U P A H
C O A N M X E Z
E R I M E O I T F Z
D I C A A N O E E F Q L
Y P A Z A P M K C D W A
E A A B T N A K P X E N
A K E J U A N O D D N
C L K N J F V E G O Q
```

PUZZLE 75

```
A S A S W E D E N G B R
D I L D T H A I L A N D
A N E Z Z A M B I A F Y
N G U J M W K L G V A T
E A Z O N Q H L F U P N
R P E Y Y L V K G P M G
G O N D Q Y Y Q K G L
Z R E M B A R G J H D E
O E V L Q H U X A W H
Q S O U T H A F R I C A
W N U V U T T Z V I Y
P Y E M E N K D Y B W
```

PUZZLE 76

```
T T U F F M A D R I D F
B A G T P V X Z X F N K
A E C R E F P E N M Z Z
T A I L O N D O N U H J
H X R J T R Y P Z S O B
E C U E T E R A A I T
N A Y M G U R W K L O
S I Y O P T G I A P T K Y
H R E R Z Q V S T C V
R O D T X G G J T P K O
H M C Y A S B Y O R I T
D M O S C O W Y H Z L F
```

PUZZLE 77

```
J V W T S N H A V A N A
B R A S I L I A X G Z Y
W Z K K Z D U B L I N U
B U E N O S A I R E S J
C G A M H P U K Z M K A
S T O C K H O L M I G R
O I H S L Z P C V V C R
L A M S T E R D A M G E
S I X N E W D E L H I B
O B W A S H I N G T O N
S S D D G W W W R V X A
M E R X E C J Z Z U N C
```

PUZZLE 78

```
Z B A N G K O K Z Q A C
C L C B E R L I N I B K
P G L E S W K J A Q R N
I R I S T A N B U L U O
M R E N U S A D Q Q T
R X J A U N L O D S G
S Y E F O B N B G Y E N
F L F L W R E Z Z M L I
N I S A N T I A G O S
G M Y B A J V A F K L
F A N A I R O B I S M E
P V V Z U R N P S D C W
```

SOLUTIONS

PUZZLE 79

```
X X L J Z J G Z B D N L
I A R A B A T X Y C C S
K N E I W D N V T T P Y
N O P R A G U E I W A C
I B R K D E C J C M U Q
S Q P A Z N S A Z V D
L A U I F A K M N P F
E L U L F A C G A G J V
H C A P E T O W N I F K P
S E O U L N F S A J L F
K U A L A L U M P U R O
W W M S I N G A P O R E
```

PUZZLE 80

```
P M W M A N A G U A J L
Y T H M I N S K W X A Z
B E H F V V A M L A H F
S T E G U C I G A L P A
X B E L G R A D E T D H
K V I E N T I A N E J Y
K A T H M A N D U D Y U
J I Z O T A S H K E N T
I C U T U Z P A S W F G
U N P I J A K A R T A Z
S A N J O S E X D C U
Z S W Q Y A S D R B D Z
```

PUZZLE 81

```
V Q E K C N F I W R X Y
I N Y Q K A J W H R H
Z P B Z F Z O Q A C D
S Z D R R I Z N X P S E
H U V W E G V D P D V
A T R D F S E Q Y U O
N L A P G V R J D Z O L
G S I G R A C W S U R I
R W W N O W J W P Y
Y A S S M B S I L D H T
Z W T F F X K E Z S L Y
B O R E D L G L D R G C
```

PUZZLE 82

```
S S V X I O A U R R L Z
D I X G U I L T Y S U J
Y T L B Y V D E F D F B
J E A L O U S J Y E E W
L M H E Y Q Y T T T M
U X B E S R P E S U A L
G B G H G T I U B F R A
W R P O N U O W A N G C
U A S Q B I T J E O B V
N V T I R E D X O C Q I
Y E F U E M W Q J A J T
L Y C T J D L O N E L Y
```

PUZZLE 83

```
D L G A M U S E D E J R
I Z D N E R V O U S U Z
S C E Q E N M C W K O D
A E S J W O R R I E D K
P T S R E L I E V E D L
N A N X M X U L M C G
O E R C D W O A U W L T
I T R B M G X U F B E X
N N A J F Z F L E D V N
T O B Z H A O B P N E U
E C M S J A R H O I R N
D Z E Z M G V Y H K A U
```

PUZZLE 84

```
C F M F E H C Y Q Y V E
R O R E Z F U L P Z R R
Y A Y I L J T R K A G U
R L B F G A B C F R L C
R Y H G U H N Y E C J E
O X L U R L T C B Q D N
S C F G H O O F H K Q N
A S W G V Y U R N O U
J U K A Y J T N T E L C
D I S G U S T E D C D Y
T D W G U W O S A E S B
P A T I E N T O I J D N
```

SOLUTIONS

PUZZLE 85

```
T N V I N S P I R E D R
W K O P T I M I S T I C
I I M I S C H I E V O U S
C C P E A C E F U L I U
F O R G I V I N G K V U
Y K E R P F O J F M M N
W L I V E L Y Q Q T R E
O Z C N S A K R Q C U R
A F F E C T I O N A T E
B F P J E I F E B N P S
P R O T E C T E D P N D
A N S C E D E F I A N T
```

PUZZLE 86

```
O H E B R V P X T I S D
C P N P B G N A S M M L
E A M X R L Z Z T U B L
L N G U H A A Q R C G
E I P E J D R D E L R H
V C R W P E N T I L O T
I I Y M U O E O S O S
S L A A H P O E Q W C U
L C M M I H N O Y O L
O I F O W W W V E O P B
N N G P P G D T M N L Q
S V O G X M A Z W K X B
```

PUZZLE 87

```
H J S T E A M E N G I N E S
P R I N T I N G P R E S S T
P X L K G X Q D F N J Y S W
T H E Z A I Z Q Z P J V U U
Y Q E D O B B N C E O B I
Y B C E H C R K C L H M H
A I Y E K C O A Z E B F A P
X C I A W N T T R A S U R A
G Y N I X A H R I I Y H I R
M C T P V O S X I N P L N G
C L A W G Y Q F R S Y D L E
H E O R G G B Q Q A F Q L
G R O B O T Y L W K Y T T E
R E F R I G E R A T O R Y U
```

PUZZLE 88

```
M E B W I Q T A Q A S C Z B
L N A W O C W N I X G Z A
N I G G U L T Y N U N D P W
O H P C T O T G T T U G P Q
E C H P E C K V E A T G E
L A O K W K I U R O I C R Z
E M N U E F R H N B S F F Q
V G O Y A X K I E M N N I H
A N G M S P E C T A C L E S
T I R O L B X L G E T U C S
O H A D K T N L Q T O M L Y
R S I O K G S Y S S C T G E
F A H V F J B V D X W A K M
F W G S P A C E C R A F T T W
```

PUZZLE 89

```
K G U P B K D H I Z P T
R P L X A D A W E S R E
S S B A C P T R Y S O N
B O C C S A E H H A T I
H I L I O S K R M P A C
F W P A S N E S Z M L C
P T K S R S L S H Q U A
F R O D Y P O G D C V S
L A A I E P A R V O L S
V D I R L G I N S P A H
V A C L B E U T E Q C P
B R H N H Z T A L I I H
```

PUZZLE 90

```
W D B H A I R D R Y E R
E A A T Z X M Y F Q H Y
P T P E C I M G J Y E
O C L K G A O S H V L
C A P G I M E B S A B C
S N O D Y F Q S W D Y
O O I U T U T O C R P O
H P N T R R A L O J A
T E T A V C T T Q P R
E N E W I P T A Q K C E
T E E M E A A L N X I I
S R N A B W A P M O L E
```

SOLUTIONS

PUZZLE91
PUZZLE92
PUZZLE93
PUZZLE94
PUZZLE95
PUZZLE96

PUZZLE 91

```
J K D S U D R O A T V C
G J R Z I B S H O R T S
K S E B A I R S C I Y H
U U S K T D Q O K M K
X A S A Q W U T A S J H
O X P C S S S Z T N L S
S D L R T X K S X L F
V Q B N L B O K O V I C
T K A W W R C E O B L Q
D P G S F O B L S M U V
U C N A S B G T M T T A
V M F C Z G T O V K Q P
```

PUZZLE 92

```
V A P S R Z G I P U N B
Z L A N E C S L S C G Y
V R C A I F R T I B L R
K G R E D N V N D O S E
Z X T J O U Y T Z O C T
B F W X O J Y L R T A A
M Y O Z H A G E W S R E
I R Z H K C J B T R F W
E M U J G K D Z E Y P S
I W H O T E D E W P V F
T W Y J D T R G Z P R N
Q A P B L A Z E R O P G
```

PUZZLE 93

```
S D W V J S A N D A L S
K U N S I P T I G H T S
P N N F W G N G Y I A T
Y K F G L I Y K E K J A
J U B M L I M G S X L O
K N O I U A P S T G W C
Q N G S B B S F G N N
Z N U M V M K S L L O I
K T S H I R T Y F O T A
P A J A M A S W X S P R
D G P O V E R A L L S S
Y X T Q R H O C E E L Y
```

PUZZLE 94

```
K L I C B O W T I E O O
H V Z E H W A H S N S T
W L X B O V G X U A K M
R U R Q V H X Y G G C L
T A N K T O P D W I E E
B B A N D A N A P D N G
H E A D B A N D P R E G
W A I S T C O A T A L I
T R A C K S U I T C T N
C Y C H F A I O D Z R G
M S L M I T T E N S U S
D P H Y A P Y H X M T P
```

PUZZLE 95

```
P O V E R C O A T O L T
B E W S Z A J B T F A T
B R A Z N F Y A L O C R
K O E C G E C C N E H
Y P W Z O R A L L S F A
I C O L A C K U C I N
S K S T F O U Z D
O J A R E R B Z R V B
R O Y R F C H S A M S A
B W A K B I L P E G
E T K E P R B V T L G D
T R A I N E R S L J G R
```

PUZZLE 96

```
T B X R B C F Z W K E C
Y H L O G H O X C C I
V C A R D D P D S I N N
H A H N T S R G M R E C
R A R K H P F Q T D O
A D L E L S D M P A N D
E R C N S C A O P E E
Y W D A O T I T P M
W A T S S W I M V S E A
E O Y F L T E N A I D Y
N Q U X V F F E S N O
E Z O M F D J R N B I G
```

SOLUTIONS

Puzzle 97

```
S Y H G R O U N D H O G
K D M L V H O L B Q R W
Y H O F B D H E Z O Y A
V E T E R A N S D F Z M
D S H D J H G P S H T P
E L E L C O L U M B U S
G A R F V F A T H E R S
V B S E A R T H O P W D
V Q U R R A S K Q I P B
D R P R E S I D E N T S
I L M E M O R I A L I K
S B S M R S A Q S I X Y
```

Puzzle 98

```
R G U E L I Z V P Q W H X R
O D C N S L C C Y L E A W
B R A M A D A N X E E L U O
R U V M I U G I M Y C S M
C P E I A C F W V P E E
P H L L S S R E A E L C N
A A Q W A B M D P N R S
D N B T J C A H I E O L
U I X V S I T J W D H K
P K J E E P U U A H S D K A
A K B N C Y I O M L A J E A
Q A I S S K N N N N N M K
U S G R K I A H I Y V R Y
G H W V S R O L D Q R Z A E
```

Puzzle 99

```
V T E J O E D M C C P D
B A S T I L L E D A Y M
V W O T R K J F O E Z A
B T C A N A D A D A Y R
E O S O N G K R A N S D
K V T R E Q L E N T H I
O K T O B E R F E S T G
K O T O T U N W P C G R
B Q M K Y U H L Q Q R A
K T U G U Y F A W K E S
A B O X I N G S E T T Z
N Q G C A R N I V A L E
```

Puzzle 100

```
C C D A Y O F T H E D E A D
Z A N Z A C D A Y C I E I O
N G B O N F I R E A V I R M
V X X A I V T B S O V D G Y
G I V I N G T U E S D A Y T
B P L F P E Y L Q B S L C U
M H V T T D L M A P A I S X
J B H C G L S R K L M I H X
J O S G T V W R M L H T U Y
B X J S G O G V B V A R E A
V Z A P O N G A L H I P F D
X B H A N A M I E U N X B U
W I N T E R S O L S T I C E
B C X K Y G W Z D F S K S C
```

Made in the USA
Monee, IL
19 January 2025

10276296R00066